U0527411

一本书教你写好
调查报告

裴平星 著

人民日报出版社
北京

图书在版编目（CIP）数据

一本书教你写好调查报告 / 裴平星著 . -- 北京：人民日报出版社，2023.4
ISBN 978-7-5115-7768-9

Ⅰ . ①一… Ⅱ . ①裴… Ⅲ . ①调查报告—写作 Ⅳ . ① H152.3

中国国家版本馆 CIP 数据核字（2023）第 057000 号

书　　　名：一本书教你写好调查报告
　　　　　　YIBENSHU JIAONI XIEHAO DIAOCHABAOGAO
作　　　者：裴平星

出 版 人：刘华新
责任编辑：朱小玲
装帧设计：元泰书装

出版发行：人民日报出版社
社　　址：北京金台西路 2 号
邮政编码：100733
发行热线：（010）65369509　65369512　65363531　65363528
邮购热线：（010）65369530　65363527
编辑热线：（010）65363486
网　　址：www.peopledailypress.com
经　　销：新华书店
印　　刷：大厂回族自治县彩虹印刷有限公司
法律顾问：北京科宇律师事务所 010-83622312

开　　本：710mm×1000mm　1/16
字　　数：200 千字
印　　张：14
版　　次：2023 年 4 月第 1 版
印　　次：2023 年 4 月第 1 次印刷

书　　号：ISBN 978-7-5115-7768-9
定　　价：48.00 元

序

　　读书、阅览、解剖、实验、巡察、采访、考古、勘探，小至细胞离析，大至宇宙探测，有什么认识能离开调查研究呢？！我们的前人做了浩繁的调查研究工作，我们现在接着做，我们的儿孙将来继续做下去——正是这种调查研究的持续接力，使人类日益聪明，社会日渐进步，文明逐日增长。

　　这样看，调查报告——人类正确认识成果的一种最直接的文字表现——其重要性就不言自明了。

　　我总以为，调查报告是当代活的历史。它所报告的那些人物、事件、成果、经验等，无一不蕴含着那个时代的"精气"，无一不勾勒着那个时代的"蓝图"。它的客观性、真实性、确切性，它的"事实胜于雄辩"的折服力量，是一些文体难以呈现的。现在是调研的报告，再过五十年，一百年，它就成了这一时代的历史。后人想要研究这段史实时，它应该是一份最可靠、最权威的第一手材料。

每一个真正的调查报告的作者都应清醒地认识到，调查报告写作要格外地强化自己的科学精神，要不倦地淬炼自己的史家眼光，要勇敢地维护自己的良知、操守。当然，也要更好地提高自己的文学素养。只有这样，才能写出真正有益于时代、无愧于后人的佳作。

裴平星撰写的《一本书教你写好调查报告》一书是研究这种文体的书。据我所知，作者对《一本书教你写好调查报告》的撰写是认真且专业的。只要看看本书的章节目录，细心的读者自能明辨：它是有用的，有参阅价值的！

是为序。

刘锡庆
北京师范大学

目　录

第一章　调查报告概述 …………………………………………… 001
第一节　调查报告概述 ……………………………………… 003
第二节　调查报告的特征 …………………………………… 008
第三节　调查报告与其他文体的区别 ……………………… 014

第二章　调查报告的类型 ………………………………………… 019
第一节　调查报告的分类依据 ……………………………… 021
第二节　介绍新生事物的调查报告 ………………………… 026
第三节　总结典型经验的调查报告 ………………………… 029
第四节　反映和揭露问题的调查报告 ……………………… 032
第五节　反映基本情况的调查报告 ………………………… 035

第三章　调查报告的选题 ………………………………………… 039
第一节　选题的重要性 ……………………………………… 041
第二节　选题要坚持马克思主义认识论 …………………… 044
第三节　选题的基本要求 …………………………………… 047
第四节　确定选题的方法 …………………………………… 050

第四章　调查研究前的准备工作·················055

第一节　调查研究计划的制订·················057

第二节　调查提纲的拟写·················060

第三节　调查统计表格的制作·················065

第四节　调查问卷的制作·················068

第五章　调查研究工作开展的总体要求·················075

第一节　坚持党的群众路线·················077

第二节　坚持实事求是·················079

第三节　坚持问题导向·················081

第四节　坚持攻坚克难·················083

第五节　坚持系统观念·················085

第六章　调查研究的方法·················087

第一节　调查研究的科学态度·················089

第二节　"解剖麻雀"式的典型调查·················094

第三节　以数量调查为主的统计调查·················100

第四节　创造新的科学调查方法·················104

第五节　调查访谈的技巧·················107

第七章　调查报告材料的搜集和整理·················111

第一节　搜集真实的材料·················113

第二节　全面系统地占有材料·················115

第三节　严格甄别材料·················118

第四节　调查材料的整理·················124

第八章　调查报告材料的分析和研究……129
第一节　研究材料的要求……131
第二节　全面地看问题，分清主流和支流……134
第三节　透过现象看本质，从微观和宏观的角度分析问题……139
第四节　定性研究和定量研究相结合，揭示事物的本质和规律……143
第五节　运用比较的方法，分析研究事物发展变化的规律……147

第九章　调查报告观点和材料的统一……151
第一节　调查报告选择材料的基本要求……153
第二节　观点和材料的统一，要符合事物的客观规律……161
第三节　观点和材料的统一，要符合形式逻辑思维……163

第十章　调查报告叙述和议论的统一……167
第一节　叙述的特点……169
第二节　议论的特点……175
第三节　说明及其他……179

第十一章　调查报告结构与内容的统一……183
第一节　结构……185
第二节　标题……188
第三节　导语……190
第四节　正文……198
第五节　结尾……203

后　记……213

第一章

调查报告概述

第一节　调查报告概述

调查报告是在对社会上存在着的某一事物或某一现象进行深入细致的实地调查和认真严肃的科学研究以后，运用叙述与论证相结合的表现手法，揭示事物的本质特征，全面客观反映事物或现象的一种文书。

调查报告是伴随着工业革命的发展和印刷技术的提高，产生于18世纪末19世纪初。无产阶级革命导师历来十分重视调查研究，马克思、恩格斯、列宁都做过大量的调查研究工作，并运用调查报告来指导革命实践。恩格斯在1845年写成的调查报告《英国工人阶级状况》，系统全面地记叙和论证了英国工人阶级的地位和历史使命，有力地指导了工人阶级的革命斗争。马克思在1880年4月为法国《社会主义评论》杂志起草了《工人调查表》，该调查表分为4个部分共99个问题，采取书面通信调查的方法了解工人阶级的状况。列宁的《俄国资本主义的发展》运用经济调查方式，对俄国的社会经济制度、阶级结构做了精辟的分析，阐明了无产阶级在革命中的领导作用。

中国共产党在领导人民进行革命、建设、改革的过程中，重视对中国实际的深入调查研究，形成的调查报告，对中国革命、建设、改革起着重要的指导作用。例如，毛泽东长期深入群众一线调研，听真话、察真情，善于运用各种科学方法分析研究材料，透过复杂现象洞察事物的本质与规律。他撰写的《中国佃农生活举例》《湖南农民运动考察报告》《中国社会各阶级的分析》就是典型代表。1956年4月25日，毛泽东主持中共中央政治局扩大会议，发表了著名的《论十大关系》讲话，这是他历时一个多月的调查研究成果。这次调查研究，为探索中国自己的社会主义建设道路，形成毛泽东社会主义建设思想，起到了显著作用，也为开好党的八大提供了指导思想，成为开辟中国社会主义建设道路的良好开端。"没有调查就没有发言权""没有调查就没有决策权""调查研究是谋事之基、成事之道""调查研究是做好领导工作的一项基本功"等至理名言，体现了几代中国共产党人的思想方法和工作方法。

任何一种体裁的文章，都是由内容和形式两个方面组成的。对于调查报告来讲，内容是作者观察和认识客观事物所得到的结果，也就是通过调查研究所得到的结果；形式是指文章的表现手法，它所指的是根据内容的需要，运用一定的形式将内容表现出来。也就是说，认识过程和表达过程的统一构成了写作活动的全过程。从认识过程和表达过程的本质特征来认识调查报告，给调查报告作出科学的定义是把马克思主义基本原理运用到写作理论研究上的一个重要体现。

一、调查报告是在对客观事物进行深入细致的实地调查以后写成的一种书面报告

调查报告要反映客观事物,就必须去认识事物,对事物进行实地调查。社会中存在的事物是以纷繁复杂的现象表现出来的,这就要求我们的调查必须是细致且深入的,不仅要对事物的表面现象进行细致观察,而且还要透过现象对事物的本质进行深入的调查研究,以掌握大量第一手材料。

《英国工人阶级状况》是无产阶级革命导师恩格斯写的反映近代英国无产阶级状况的调查报告。恩格斯在该报告的序言中指出:"我曾经用了21个月的时间,通过亲身观察和亲自交往来直接了解英国的无产阶级,了解他们的愿望、他们的痛苦和欢乐,同时又以必要的可靠材料补充自己的观察。这本书里所叙述的,就是我看到、听到和读到的。"[①]恩格斯的这段话叙述了他写调查报告、实地考察和科学研究的过程。也正是在这个过程中,恩格斯认识了无产阶级的客观存在,写出了经典著作《英国工人阶级状况》。对事物进行深入细致的实地调查研究是写好调查报告的基础。

二、调查报告是通过科学研究揭示客观事物规律的一种文书

在调查研究过程中掌握的第一手材料,属于感性材料,它们反映的只是关于客观事物的个别的、局部的、表面的东西,而不是事物内部的、一般的、规律性的东西。要使这些感性材料上升到理性认识,成为指导实践的理论,就必须在马克思主义科学的方法和原

---

① 《马克思恩格斯文集》第1卷,人民出版社,2009年版,第385页。

理指导下，对感性材料进行认真严肃的分析研究，做到"去粗取精，去伪存真，由表及里，由此及彼"，把客观事物的本质特征和客观规律揭示出来，全面正确地反映客观事物的本来面目。

列宁在《费里德里希·恩格斯》一文中论述恩格斯《英国工人阶级状况》的基本思想时指出："恩格斯第一个指出，无产阶级不只是一个受苦的阶级，正是它所处的那种低贱的经济地位，无可遏止地推动它前进，迫使它去争取本身的最终解放。而战斗中的无产阶级是能够自己帮助自己的。工人阶级的政治运动必然会使工人认识到，除了社会主义，他们没有别的出路。另一方面，社会主义只有成为工人阶级的政治斗争的目标时，才会成为一种力量。这就是恩格斯论英国工人阶级状况的一书的基本思想。"[①] 恩格斯正是通过揭示无产阶级的本质特征和发展规律，来全面正确反映无产阶级这个客观存在的，来指导无产阶级革命斗争实践的。这也说明，揭示客观事物的发展规律，从实践中抽出理论，再以理论指导实践，是调查报告写作的目的。

三、调查报告是运用叙述和论证相结合的表现手法来反映客观事物的

写作调查报告，一方面运用叙述的手法来反映客观事物的本来面目；另一方面，在调查研究的基础上，还要运用论述、论证的手法来表现对客观事物的认识，揭示其本质特征，指明其发展方向。如果我们认真阅读一下恩格斯的《英国工人阶级状况》，就不难发

---

① 《列宁全集》第2卷，人民出版社，1984年版，第7页。

现，叙述和论证相结合是这部著作在表现手法上的主要特征。列宁指出:"这部著作是对资本主义和资产阶级的极严厉的控诉。它给人的印象是很深的。"①

恩格斯的《英国工人阶级状况》是调查报告写作上的光辉典范，它不仅为无产阶级正确认识自己、指导推动无产阶级的革命斗争、丰富马克思主义理论发挥了重要作用；同时，也是我们正确认识调查报告、探讨和研究调查报告写作与创新的科学依据。

---

① 《列宁全集》第2卷，人民出版社，1984年版，第7页。

第二节 调查报告的特征

调查报告同其他任何一种文体一样,有它自己的特征。这些特征主要表现在以下五个方面。

一、明确的针对性

从调查报告的选题来讲,调查报告要有明确的针对性。调查报告的写作通常是在以下几种情况下开展的。

1. 根据党和国家的方针政策及有关规定,对社会生活中出现的新情况、新经验、新问题,选择典型,解剖麻雀,探求规律,指导工作;

2. 选择社会上有典型意义的事件或问题进行调查研究,弄清事件真相,揭示问题本质,推动工作的开展;

3. 针对某些有争议的重大问题或历史事件,查清事情的来龙去脉,分析事物间的关系,作出符合客观实际的评价;

4. 选择若干地区、部门、单位进行综合性的调查,研究其政治、经济、文化等方面的历史和现状,了解群众的意见和愿望,分析形势发展的特点和规律,为制定党的路线方针政策以及各种计划方案提供科学的依据。

2023年3月，在中共中央办公厅印发的《关于在全党大兴调查研究的工作方案》中明确提出了12个方面的调研内容。这些调研内容就是调查报告的选题来源，也体现了调查报告在确定选题时的针对性。

在全党大兴调查研究，要紧紧围绕全面贯彻落实党的二十大精神、推动高质量发展，直奔问题去，实行问题大梳理、难题大排查，着力打通贯彻执行中的堵点淤点难点。各级党委（党组）要立足职能职责，围绕做好事关全局的战略性调研、破解复杂难题的对策性调研、新时代新情况的前瞻性调研、重大工作项目的跟踪性调研、典型案例的解剖式调研、推动落实的督查式调研，突出重点、直击要害，结合实际确定调研内容。主要是12个方面。

1. 贯彻落实党中央决策部署和习近平总书记对本地区本部门本领域工作重要指示批示精神的主要情况和重点问题。

2. 贯彻新发展理念、构建新发展格局、推动高质量发展中的重大问题，推进高水平科技自立自强，扩大国内需求、深化供给侧结构性改革、建设现代化产业体系、落实"两个毫不动摇"、吸引和利用外资，全面推进乡村振兴中的主要情况和重点问题。

3. 统筹发展和安全，确保粮食、能源、产业链供应链、生产、食品药品、公共卫生等安全，防范化解重大经济金融风险中的主要情况和重点问题。

4. 全面深化改革开放中的重大问题，重要领域和关键环节改革、推进高水平对外开放中的主要情况和重点问题。

5. 全面依法治国中的重大问题，完善中国特色社会主义法律体系、推进依法行政、严格公正司法、建设法治社会等主要情况和重点问题。

6. 意识形态领域面临的挑战，推进文化自信自强、建设社会主义文化强国和新闻舆论引导、网络综合治理中的主要情况和重点问题。

7. 推进共同富裕、增进民生福祉中的重大问题，巩固拓展脱贫攻坚成果、缩小城乡区域发展差距和收入分配差距的主要情况和重点问题。

8. 人民最关心最直接最现实的利益问题，特别是就业、教育、医疗、托育、养老、住房等群众急难愁盼的具体问题。

9. 牢固树立和践行绿水青山就是金山银山理念方面的差距和不足，推进美丽中国建设、保护生态环境和维护生态安全中的主要情况和重点问题。

10. 维护社会稳定中的重大问题，防灾减灾救灾和重大突发公共事件处置保障短板，处理新形势下人民内部矛盾和强化社会治安整体防控的主要情况和重点问题。

11. 全面从严治党中的重大问题，落实党的领导弱化虚化淡化、党组织政治功能和组织功能不够强，干事创业精气神不足、不担当不作为，应对"黑天鹅""灰犀牛"事件和防范化解风险能力不强，形式主义、官僚主义，特权思想和特权行为等重点问题。

12. 本地区本部门本单位长期未解决的老大难问题。

调查报告的针对性越明确，它的指导性就越强，就越能发挥它的积极作用。

二、深刻的思想性

调查报告具有帮助人们认识事物、把握事物、促进事物发展变化的作用，所以它不仅要有明确的针对性，而且要有深刻的思想性。第一，调查报告必须及时、准确地提出并回答人们普遍关心的各个方面的各种各样的问题，准确地反映时代精神，为推动时代的发展服务。第二，调查报告要求调研者通过反映社会生活中的新情况、新经验、新问题，提出有独到之处的新思想，给人们以新的感受、新的启发。第三，调查报告要能透过现象去探求本质、揭示规律，要分清主流与支流，并抓住主流，指导实践。

三、材料的真实性

调查报告所反映的是客观事物，这决定了它所选用的材料必须是真实的，这是调查报告的应用价值和科学价值之所在。调查报告材料的真实性包括两个方面：一是个体材料的真实性，也就是调查报告中所涉及的各种情况、事实，引用的数字、文字等材料，都必须真实可靠，准确无误。二是整体材料的真实性，就是要从事物的整体、事物的客观联系中去掌握材料。例如：既要有正面材料，又

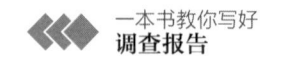

要有反面材料；既要有过去的材料，又要有现实的材料；既要有典型材料，又要有一般材料。这样可以防止以点代面、以偏概全。一篇好的调查报告，只有在材料真实的基础上，才能发挥它对实际工作的指导和促进作用。不真实的调查报告，哪怕只是个别的事例和数字不真实，也有损它的科学性和应用价值。特别是那些弄虚作假、颠倒是非的调查报告必须杜绝，因为它会对我们的事业造成严重的危害。

四、事实的完整性

调查报告要全面反映客观事物。所以，它不仅要客观地叙述事实，而且还要详细地介绍背景，阐明事情的来龙去脉。也就是说，调查报告在反映客观事物上要求有一定的系统性和相对的完整性。只有掌握系统、完整的事实材料，才能分析、概括出符合客观实际的观点、理论，得出令人信服的结论，从而使调查报告具有较强的说服力和科学性。事实完整的调查报告在实际工作中的指导作用也会增强。

五、叙述和议论相结合的表现手法

以叙述为主，夹叙夹议，这是调查报告写作形式的一个显著特征。调查报告主要通过叙述事实和说明情况来反映事物的面貌，所以叙述是它的主要形式。但是，调查报告不是一般的记叙文，而是在明确的观点下叙述事实材料，在叙述中又有恰当的议论。调查报告的议论虽不占主要篇幅，却起着统率全局的作用。调查报告用鲜明的观点统率事实材料，围绕事实夹叙夹议，从大量的事实中引出科学的结论，从而形成了观点和材料的有机统一、叙述和议论紧密结合的写作风格。

  上文从五个方面叙述了调查报告的特征。其中，材料的真实性是最主要的特征，是调查报告的生命。此外，还叙述了明确的针对性和深刻的思想性、事实的完整性等特点。在表现形式方面，阐述了叙述、议论相结合的特点。在后面的篇章里，还将继续讲到这些特点，以便更深刻地认识和掌握调查报告的写作方法。

第三节　调查报告与其他文体的区别

调查报告是吸收其他文体特征而形成的一种文体。初学调查报告写作的人，往往容易把与调查报告相近似的文体同调查报告混淆，造成写作上的困难。所以，正确分析调查报告与其他文体的区别，特别是分析研究与其相近的一些文体的异同，对于我们正确把握调查报告的特征、更好地掌握调查报告的写作方法，具有十分重要的意义。

一、调查报告与消息、通讯等新闻文体的区别

要区别调查报告与消息、通讯的不同，首先要认识消息、通讯这两种新闻文体的特点。

消息这种体裁的文章是用事实说话，以叙述为主，迅速、简明、准确地概括事件的主要内容。消息要求文字简要，中心导语突出，引用必要的背景材料。

通讯要求比较细致、形象地描绘事件的发生过程或典型人物，大量采用叙事、描写、议论、抒情等表现手法。在结构上，通讯的

层次较多，起伏较大。

从消息和通讯这两种体裁文章的特征来看，它们在内容上必须客观地叙述事实，在形式上主要是以叙述为主兼议论，这些特点都与调查报告有相同之处，但只要我们从内容和形式上进行详细的分析、对比，也可以找出它们之间存在的一些不同点。

对于消息来讲，它在内容上同调查报告一样要求客观叙述事物，但它一般只是简明概括主要内容，简要地交代背景材料；而调查报告客观地叙述事物，不仅要求详细地分析、介绍事物发展的全过程，还要对事件进行本质上的分析，并作出评价，以从中总结出经验教训，探索其规律。调查报告要求从更宽的"面"上交代背景，在内容上比消息更完整，容量也更大。

通讯可以运用形象生动的语言来描写客观事物，而调查报告则必须运用客观平实的语言来叙述调查研究的内容。通讯语言具有形象生动的特色，而调查报告的语言则是以概括性较强为特征。通讯可以运用文学上的生动描写作为表现手法，而调查报告则必须以客观性叙述为主。

总之，调查报告与消息、通讯既有相同之处，又有区别。在内容上，调查报告与消息相比，反映事物的内容和深度大有区别；在表现手法上，调查报告与通讯相比，前者以客观性叙述为主，后者则大量采用叙事、描写、议论、抒情等表现手法。通过分析它们各自的特点，我们就可以准确区别调查报告和消息、通讯的差别，把握调查报告写作的特征。

二、调查报告与工作总结的区别

工作总结一般是单位或部门对前一阶段工作、学习等实践活动的总结，以从中找出经验或教训，总结出规律性的东西，用以指导下一阶段工作、学习的一种文体。

调查报告与工作总结比较相似，都是根据相关方针政策总结工作经验，反映事物的基本面貌和发展过程，概括出规律性的东西，指导今后的实践，具有较强的政策性和思想性。但它们之间也有区别，调查报告要求面向全局，选择典型，以点带面，通常是由调查组或新闻单位来写，多用第三人称；工作总结往往只限于某单位、某地区的工作，在完成某项任务或定期（季度、年度）进行回顾和检查，总结经验教训，明确今后方向，一般用第一人称来写。

更具体地来讲，二者的区别主要有两点。

一是选择的写作对象不同。调查报告要求以点带面，所以要求选择具有典型意义或具有广泛代表性的事物进行调查，探求出带有普遍性和规律性的东西，在"面"上推广运用。而工作总结往往是结合本单位、本地区实际情况，限于本单位、本地区工作的需要，主要是回顾过去，总结经验教训，以搞好今后的工作。

二是题材的范围不同。一般来说，调查报告的题材范围较广。它既可以调查现状，也可以调查历史；既可以调查新生事物，也可以揭露社会问题；既可以在一个单位、部门、地区开展调查，也可以在若干个单位、部门、地区开展联合调查。工作总结则是由本单位所写的总结本单位某项工作或某个时期工作的书面材料，在题材的范围上远远没有调查报告广。

三、调查报告与评论性文章中议论的表现手法的区别

调查报告和评论性文章，二者都可以评论事实，阐发议论，都可以运用议论这种表现手法。但调查报告中的议论和评论文章中的议论有很大不同：调查报告以叙述为主，并在此基础上围绕事实进行夹叙夹议，从大量事实中得出结论；评论文章则是以议论为主，虽然也叙述一些事实，但往往以事实来印证观点。

调查报告和评论性文章在语言特色上也有不同。调查报告在议论时，要遵循事物本身发展的逻辑，语言平实准确，有分寸。议论性文章，在发表评论时，往往是进行归纳、演绎，语言坚实有力、深刻透彻、尖锐泼辣，具有很强的战斗力和煽动力。

第二章

调查报告的类型

第一节 调查报告的分类依据

调查报告依据其作用、内容及形式的不同，可以划分为若干类型。

一是依据内容分类。例如：汪祥云等编著的《实用文写作——供文书、宣传工作者用》中是这样分的："调查报告就其内容来说，大致可以分为推广典型经验的、反映基本情况的、考察社会现象的和揭露社会问题的四种类型。"余家宏等编著的《新闻学简明词典》中是这样分的："调查报告按内容分，有基本情况的调查、典型经验的调查、社会问题的调查等。"

二是依据专题性分类。调查报告一般都是专题性的，常见的有这几种：（1）基本情况的调查报告；（2）典型经验的调查报告；（3）揭露性的调查报告；（4）斗争历史的调查报告；（5）述评性的调查报告。

三是依据内容和作用分类。张清明在著作《文书学及实用公文》中指出，从调查报告的内容与作用看，"它大致可分为总结性调查报告、揭露性调查报告、论证性调查报告三种"。调查报告从其内容、

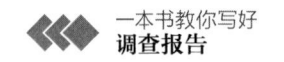

作用上分，还可以分为这三类：总结典型经验的调查报告，揭示社会问题的调查报告，反映问题实质、揭示事件真相的调查报告。

除上述分类外，调查报告还可根据调查的范围分为综合性调查报告和专题性调查报告；按形式可分为调查、调查报告、调查附注、专题调查；按议论和叙述侧重点不同，可分为述评性调查报告和记叙性调查报告；按应用范围可分为一般性调查报告和专业性调查报告；等等。

调查报告同其他任何一种文体一样，是随着社会的发展及需求而出现发展的。人们要把关于某一事物调查研究的结果，向社会报告，于是便产生了调查报告这种文体。随着社会的不断发展，人们认识事物的能力在不断提高，对调查报告提出新的要求，促使调查报告不断发展与创新。调查报告为适应社会发展的需要，在不断发展过程中，逐渐形成了具有某种特点的、彼此能区分开来的各种类型。所以，各种类型调查报告的产生和发展主要有以下几个原因。

一、适应人们的认识和实践需要

一个新生事物产生了，它的基本形态是什么？它的本质特征是什么？它的发展趋势是什么？为满足人们对这一新生事物认识的需求，于是产生了介绍新生事物的调查报告。一个新生事物发展到一定阶段，怎样促使它向好的方面发展变化？应当采取什么措施和具体方法？为指导这些实践活动，产生了总结经验的调查报告。事物在发展过程中，产生了这样那样的问题，这些问题的性质是什么？它有哪些危害性？为引起人们的关注、促进问题的解决，产生了揭露问题的调查报告。事物与事物之间都是相互联系的，事物又是不断发展变化的。为弄清社会上政治、经济、军事、文化等各方面的现实情况，产生了反映基本情况的调查报告。总之，满足人们认识和实践的需要，是各类调查报告产生和发展的主要原因。

二、适应社会发展和读者的要求

随着社会的发展、科学文化水平的提高和社会生活内容的日益丰富，读者不断从内容到形式对调查报告的写作提出新的要求。调查报告写作者根据形势发展和读者需求变化，结合所反映的内容，积极探索，锐意图新，这对各种类型的调查报告的产生和发展起到了促进作用。

三、适应不同应用范围的需要

调查报告的应用范围不同，对其内容和形式的要求也不同。例如，进行科学实验的调查报告、社会调查报告、市场调查报告、工厂的工具改革调查报告，以及农业的品种改革调查报告等一些专业性较强的调查报告，由于它们的作用和功能不同，其内容和格式也不同，形成了具有显示这些调查研究部门性质特点的各种调查报告。

对各种类型的调查报告进行分析之后，就可以发现各种类型调查报告产生的原因主要有这三个：一是调查报告写作目的不同，二是调查报告所反映的具体事物不同，三是调查报告应用范围不同。

依这三个原因，调查报告大体可以分为六大类：介绍新生事物的调查报告、总结典型经验的调查报告、反映和揭露问题的调查报告、反映基本情况的调查报告、专业性的调查报告、考察历史事实的调查报告。

这六种类型的调查报告，前四种是常见的、大量运用的。这四种调查报告的写作，也是本书讲述的重点，后文设专题介绍。专业性的调查报告部门性很强，考察历史事实的调查报告运用较少，下面分别作简单的介绍。

专业性调查报告是指一些科研院校和社会团体，在进行学术研究活动过程中，对各种不同的社会问题，以及特定的技术、设备、产品等科研对象，运用各种调查研究技术，在进行定量与定性的科学研究的基础上，写出来的反映客观事物的调查研究成果的书面报告。例如，《中国公众的公益观调查报告（2017）》《中国区域人才竞争力指数调查报告（2017）》，又如2017年中国反腐败司法研究中心在《求是》上发表的《国家监察体制改革试点工作调查》，这些专业性的调查报告的共同特点是作者多为科研人员，调查方法技术性强，研究问题专业性强。另外，像反映消费者对商品的意见、了解产品的销售情况的市场调查报告也有专门的调查模式和表现方法。

考察历史事实的调查报告是通过重新对历史事件做调查研究，从而作出新的正确历史结论的一种调查报告。这种类型的调查报告，虽然是调查研究历史事件，却也有较强的现实性、针对性和政策性。它的写作往往具有一定的现实背景。通常是社会发展到了一个新的阶段，对某一历史现象、历史事件的结论发生了疑问，或者需要认识新发现的某一历史现象、历史事件，通过对它们产生、发展的背景和事情的来龙去脉作深入细致的考察和科学的分析研究，作出符合历史事实的科学的结论，以满足人们思想认识上的需求，因而也就具有较强的现实意义。

第二章 调查报告的类型

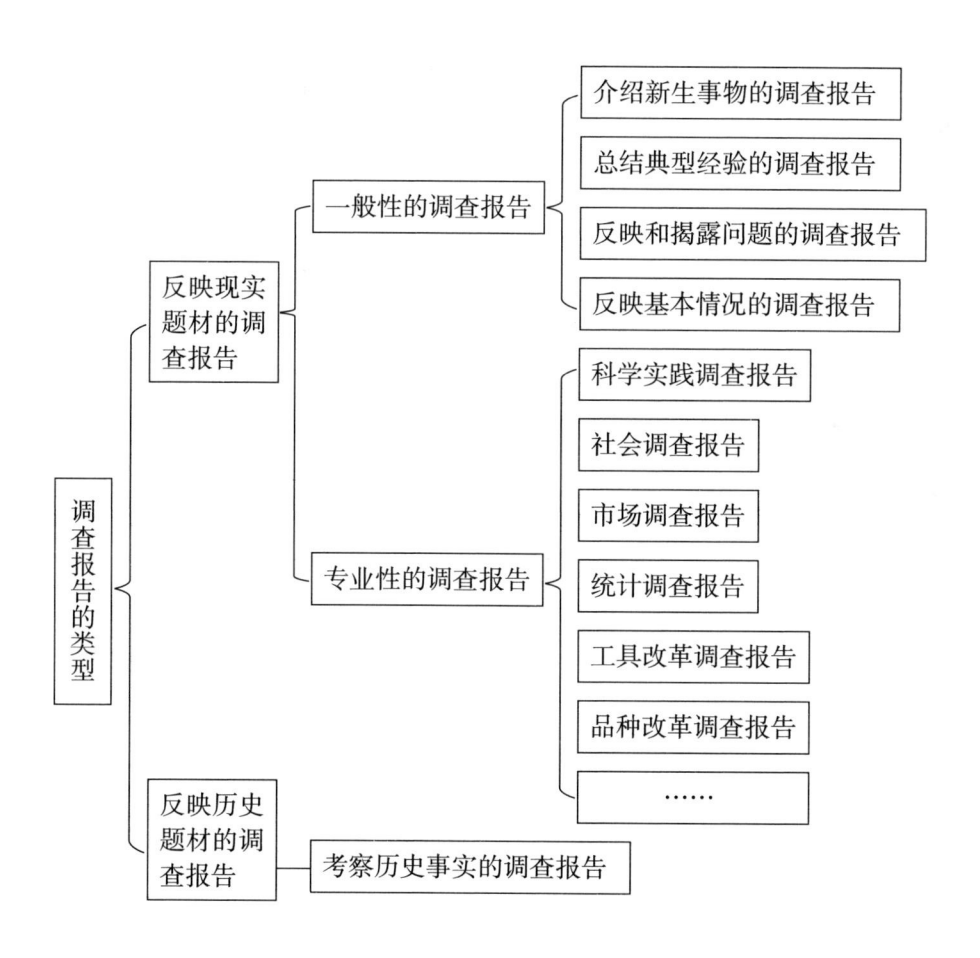

```
                                    ┌─ 介绍新生事物的调查报告
                    ┌─ 一般性的调查报告 ─┼─ 总结典型经验的调查报告
                    │                 ├─ 反映和揭露问题的调查报告
                    │                 └─ 反映基本情况的调查报告
      ┌─ 反映现实题材的调查报告 ─┤
      │             │                 ┌─ 科学实践调查报告
      │             │                 ├─ 社会调查报告
      │             │                 ├─ 市场调查报告
调查报告的类型 ─┤             └─ 专业性的调查报告 ─┼─ 统计调查报告
      │                               ├─ 工具改革调查报告
      │                               ├─ 品种改革调查报告
      │                               └─ ……
      │
      └─ 反映历史题材的调查报告 ─── 考察历史事实的调查报告
```

第二节　介绍新生事物的调查报告

　　介绍新生事物的调查报告是以反映社会生活中涌现出来的新生事物为目的的调查报告。这种调查报告着力于及时发现和反映社会活动中涌现出来的新人、新事、新发明、新创造等新生事物。写这种类型的调查报告时，要求中心突出、观点鲜明、材料真实、文笔生动；要着重介绍新事物产生的背景、特点及其发生、发展过程，说明它在社会活动中的意义和作用，并揭示其发展方向。介绍新生事物的调查报告，对于人们认识新生事物、促进其发展成长具有重要作用。毛泽东的《湖南农民运动考察报告》就是一篇典型的介绍新生事物的调查报告。

　　毛泽东在第一次国共合作期间任国民党代理宣传部长和候补中央执行委员，并先后担任广州和武汉国民党农民运动讲习所领导。鉴于毛泽东熟悉农村生活，了解农民运动，中共中央1926年11月任命毛泽东为中央农民运动委员会书记。如何认识和对待农民运动、如何与国民党右派诋毁农民运动是"痞子运动"和"惰民运动"作斗争、如何说服陈独秀指责农民运动"过头""左倾""妨碍统一战线"的认识,是当时摆在毛泽东面前的突出问题。

为了回应党内外对于农民革命斗争的责难,回答这些问题,必须通过调查研究将农民运动的真实情况反映出来,改变他们对农民运动这个新生事物的认识。国共合作后,毛泽东十分重视农村调查,这些关于农村调查的具体实践、问题选择与行动倡导,为农民运动调查奠定了基础。1927年1月4日至2月5日,毛泽东回到湖南实地考察了湘潭、湘乡、衡山、醴陵、长沙五个县。在这次历时32天、行程700公里的对湖南农民运动考察中,毛泽东广泛接触了各方人士。每到一地,"召集有经验的农民和农运工作同志开调查会,仔细听他们的报告,所得材料不少"①。他以甘当小学生的精神向调查对象请教,事先列出提纲并在实际调查中灵活掌握,口问心记,展开同志式的讨论,获得了许多"见所未见,闻所未闻"的实际材料,在此基础上撰写了《湖南农民运动考察报告》,为我们呈现了一幅波澜壮阔的农民运动"画卷"。

介绍新生事物的调查报告要抓住事物发生、发展的本质特征,以及它的现实意义和发展方向。调查报告不仅是客观事实的真实反映,而且是客观过程的真实反映,特别是介绍新生事物的调查报告,应该是全面客观地反映该事物发生、发展的过程。毛泽东《湖南农民运动考察报告》一文对农民运动发生、发展过程的叙述十分详细。

介绍新生事物的调查报告中,作者要表明自己对新生事物的态度与认识。基于实地调查,毛泽东在《湖南农民运动考察报告》中,

---

① 《毛泽东选集》第1卷,人民出版社1991年版,第12页。

对湖南农民运动有了自己的认识和看法,澄清了关于农民运动的不实之词。针对农民运动"糟得很",农会的举动"太过分"、有一点"乱来",农民运动是"痞子运动""惰农运动"等说法,毛泽东通过调查研究得出了完全相反的结论。在他看来,农民运动"好得很",成就了"奇勋";农会的所谓"过分"举动具有"革命的意义";农民是"革命先锋"。国民党右派关于农民运动的种种说法是道听途说,缺乏调查基础;而毛泽东关于农民运动的结论是基于实地调查,因而具有较强的说服力,在舆论混杂、是非难辨的情况下,有利于赢得话语优势和话语主动权。

《湖南农民运动考察报告》是学习写作介绍新生事物调查报告的范文,其内容对于今天如何更好地实施乡村振兴战略、建设新农村也有一定的启发意义。

反映新生事物的调查报告还有《农民工党建:凝聚起散落的力量——来自江苏南通的调查报告》①,文章主要反映了随着农民工群体的不断壮大,江苏南通市在农民工党建工作创新上作出的积极探索。

---

① 申琳:《农民工党建:凝聚起散落的力量——来自江苏南通的调查报告》,《人民日报》2013年5月21日。

第三节　总结典型经验的调查报告

　　总结典型经验的调查报告是以反映先进单位或先进个人的典型经验为主的调查报告。这种调查报告所反映的经验要具有代表性，要经得起实践的检验，要符合党的方针政策，对具体工作能起到指导和促进作用。这种调查报告在写作上要求阐明典型经验的思想基础、具体做法、收到的效果和典型经验的意义等。

　　总结典型经验的调查报告是实际工作中较常用的一种，毛泽东《长冈乡调查》《才溪乡调查》，以及毛泽东推荐的《鲁忠才长征记》，都是这方面的典型代表作。

　　总结先进典型经验的调查报告的重要作用在于指导当前要推动的工作。

　　在新民主主义革命时期，农村革命根据地的政权建设，农村的经济建设，不仅是关系人民生活的重要问题，而且也是关系革命军队生死存亡的重大问题。然而，我们党的干部缺乏这方面的经验，普遍存在着不会干和瞎干两个方面的问题。解决这个问题的正确办法，就是"拿活的榜样给他们看"，让他们通过学习提高认识，知道怎样干。

1933年,长冈乡和才溪乡因在乡苏维埃选举、扩大红军及发展经济方面的突出成绩,得到中央苏区和福建省苏维埃政府的嘉奖,被誉为"模范区"。当年11月下旬,在中华苏维埃中央执行委员会主席和人民委员会主席任上正好两年的毛泽东,率领中央政府检查团,从瑞金出发,沿着汀江,步行数日,来到才溪,对长冈乡和才溪人民在根据地的政权建设、经济建设、扩大红军、文化教育等方面的工作进行了全面、系统、周密的调查和科学总结,写出了《长冈乡调查》和《才溪乡调查》,总结了乡苏维埃工作的成绩与经验。

总结先进典型经验的调查报告是对调查单位与其所在地方客观情况的真实反映。所以,就其反映的内容来讲,应该是既有成绩又有缺点,既有经验又有教训。同时,从总结的方法上来讲,也是多样的,有措施与形式为主的,也有步骤和流程为主的,也有把两者结合起来的。《才溪乡调查》采用的是措施与形式的方式,《长冈乡调查》则采用的是步骤和流程的方式。《长冈乡调查》介绍经验的主要方法是讲述一件事情、一项工作的全过程,可学性非常强。《才溪乡调查》介绍经验的主要方法是讲述做好一件事、一件工作的几个关键环节,关键措施。总之,介绍事物的典型经验,关键是要把握好事物发展的主要矛盾,把握好矛盾的主要方面,使读者掌握其经验的要领。

先进典型经验有没有价值,能不能推广,关键看这个经验有没有效果,取得了什么成绩。若这个经验说得"天花乱坠",而实际上效果不大,前后主要指标没有变化,那么,就没有推广的价值。总结先进典型经验的调查报告,通常要从思想认识和实际工作两个方面指出推广这一先进典型经验的具体作用,概括出推广先进典型经验的现实意义。

求是杂志社总编室调研组撰写的《发展好干群关系:从群众中来,到群众中去——云南省"四群教育"调查》[①],也是介绍典型经验的调查报告。

---

① 《发展好干群关系:从群众中来,到群众中去——云南省"四群教育"调查》,《求是》2013年第12期。

第四节　反映和揭露问题的调查报告

揭露社会问题的调查报告是以揭露和反映社会上某一典型问题为主的调查报告。这种类型的调查报告是对现实社会中暴露的问题进行周密的调查，查清事实，揭露问题的实质，为领导机关了解情况、解决问题提供依据；同时可以引起社会的重视，使人们从中吸取教训，从而提高认识。这类调查报告在写作上要求通过列举确凿的事实，揭露问题的实质，分析其产生的原因，最后归纳出教训。

反映和揭露问题的调查报告，要求在调查研究中，能较早地发现一些带有苗头性质的问题，并能在分析其产生原因、揭露问题实质的基础上，提出解决问题的具体措施。如毛泽东的《分田后的富农问题》《东塘等处调查》《分青和出租问题》《木口村调查》等，还有陈云1961年青浦农村调查中的《母猪也应该下放给农民私养》等，都是这类调查报告。

这类调查报告反映和揭露问题的方式各有不同。

1.用单个典型反映一类问题。这种方法就是针对某类问题找一个最典型的案例，进行全面客观的剖析与研究。核心是要选择好典型案例，而且典型案例要有数据、有过程，典型性强，一下就能引起读者的注意。

2. 用不同调查对象的数据来说明问题。对要反映的问题，通过比较不同调查对象的不同数据来说明问题。《东塘等处调查》中的"大桥调查"就是采用这种方法的。这种写法要注意两点：一是内容要穷尽调查的单位，二是要综合概括调查研究的情况。

3. 用一组数据和一个典型反映问题。这种方法其实是上述两种方法的结合，其优点是让读者掌握某个问题的一般情况后，再通过典型事例了解其特征。

调查研究是手段，不是目的。作者通过调查研究，要说出对存在问题的正确认识，提出解决问题的措施，再在实践中指导工作。反映与揭露问题的调查报告，作者更要针对调查中发现的问题，清晰表达自己的正确判断，并提出改进工作的方法。例如，毛泽东在调查报告中，对调查中发现的问题，总是旗帜鲜明、直截了当地表明自己的态度。在《东塘等处调查》前言中，毛泽东指出："在这次调查中，使我发现以村为单位分配土地的严重性。赣西南分配了土地的有几十县。高级政府颁布的土地法是以乡为单位去分配，一般高级机关的工作人员大家也以为是照着乡为单位去分配的，哪晓得实际情形完全两样，普遍的是以村为单位去分配，乡为单位分配的很少。以村为单位，这种利于富农不利贫农的分配法，是应该改变的。"赣西南是中央红军根据地的重要地区，而在已分配土地的几十县中，普遍是以村为单位去分配，而苏维埃高级机关的人以为是按乡分配的，这就是问题的严重性之所在。同时，毛泽东又指出，这种制度是有利富农不利贫农。所以，"是应该改变的"。

又如，为调查青少年烟草使用情况、保护青少年健康成长，中国疾病预防控制中心发布《2014中国青少年烟草调查报告》，这是我国首个具有全国代表性的青少年烟草调查国家报告，也是全球青少年烟草调查史上最大规模的调查。调查报告指出了青少年吸烟问题：八成学生购烟未被拒绝，不同年级初中学生烟草使用率随年级增高呈明显的上升趋势，农村学生现在烟草使用率高于城市学生；鼓励并吸引青少年吸烟的外部因素广泛存在；七成吸烟学生欲戒烟却难获帮助；等等。针对本次调查的结果，时任中国疾病预防控制中心副主任兼控烟办主任梁晓峰建议，在修订《广告法》时，应广泛禁止烟草广告促销和赞助，尽快出台全国性公共场所控烟立法。加强立法的同时，加大对违法行为的处罚力度，严厉惩处违法向未成年人售烟、在学校等公共场所吸烟的违法行为。① 现今我国的控烟制度与措施越来越完善，人们的控烟意识越来越强。

另外，像胡乔木的《关于在韶山公社解决食堂问题的报告》，郝凌峰撰写的《浇地为什么变得这样难——来自邢台市5县10村农田灌溉用水情况的调查》②，以及各种灾害事故的调查报告，如《河南郑州"7·20"特大暴雨灾害调查报告》，都是反映问题的调查报告。反映和揭露问题的调查报告，在实际工作中用途很广，也有十分重要的作用。但由于受档案保存时间限制，反映和揭露问题的调查报告对外公开的数量不多。

---

① 《首个全国青少年烟草调查报告发布：10个初中男生就有1人吸烟》，《人民日报》2014年5月29日。

② 郝凌峰：《浇地为什么变得这样难——来自邢台市5县10村农田灌溉用水情况的调查》，《农民日报》2013年7月10日。

第五节　反映基本情况的调查报告

反映基本情况的调查报告是在深入、系统调查研究社会基本情况后写成的，其内容比较全面、广泛，篇幅也较长。它反映的是社会的政治、经济、军事、文化、教育、生活等方面的基本情况，可以使读者了解当时的社会情况，但更主要、更直接的作用则是为政府机关制定方针政策提供资料和依据。在写作上，它主要是通过反映基本情况，对形势作出正确的评估，对情况作出正确的判断，指明各种情况的发展趋势以及应采取的对策。

《北京郊区农村调查》是邓小平和彭真直接领导5个调查组，于1961年5月在北京近郊和各县，对农村的基本情况进行调研后所写的调查报告。它是当时北京郊区农村的广大农民对供给制、粮食征购和余粮分配，以及三包一奖、评工记分、食堂所有制等社会问题基本态度的反映。

文章从七个方面对这些情况作了基本总结。第一是社队的规模由大调整到小，提高了社员的积极性；第二是粮食征购和余粮分配，干部和群众有不同的意见；第三是供给制不利于调动农民群众的积极性，只有更好地贯彻按劳分配原则，才能更好地调动群众的劳动积极性；第四是评工记分的办法调动了社员的积极性，提高了劳动效率；第五是办食堂要听老百姓的意见；第六是耕粟和农具应归生产队所有；第七是恢复供销社，发展手工业和家庭副业。这是一篇反映当时农民对我党农民政策的一些基本看法和意见、反映生产队干部和群众对不同类型问题基本态度的调查报告。这类报告是我们制定政策和办法的重要依据。

刘少奇的《湖南长沙宁乡调查》、朱德的《江西山区农村调查》，还有王首道的《一手抓物质文明建设，一手抓精神文明建设——广东几个市县调查》，都是反映社会基本情况的调查报告。

以上分别对介绍新生事物、总结典型经验、揭露社会问题、反映基本情况的四种调查报告进行了介绍。这四种调查报告在内容上和形式上不尽相同。

从内容的广度来讲，反映基本情况的调查报告比其他三种类型的调查报告要广泛全面。

从文章的主要内容来看，介绍新生事物的调查报告以叙述事物产生的背景、发展过程和发展方向为主，总结典型经验的调查报告则以归纳具体做法和经验为主。

从文章的感情色彩来看，介绍新生事物和总结典型经验的调查报告，往往对反映对象具有推荐或赞颂的作用，字里行间流露出肯定的热情；揭露社会问题的调查报告，则往往对反映的问题具有批评作用，文章里多出现尖锐的批评词语。

从文章的体例结构来看，介绍新生事物的调查报告一般按事物发展线索采用纵式结构组织内容，反映基本情况的调查报告则因要归纳几个不同方面情况而采用横式结构组织内容；总结典型经验、揭露社会问题的调查报告则经常采用纵式和横式相结合的方法来组织内容。

在掌握调查报告总体特征的基础上，了解各种类型调查报告的独特性，对于写好调查报告、发挥调查报告的作用有着重要意义。

第三章

调查报告的选题

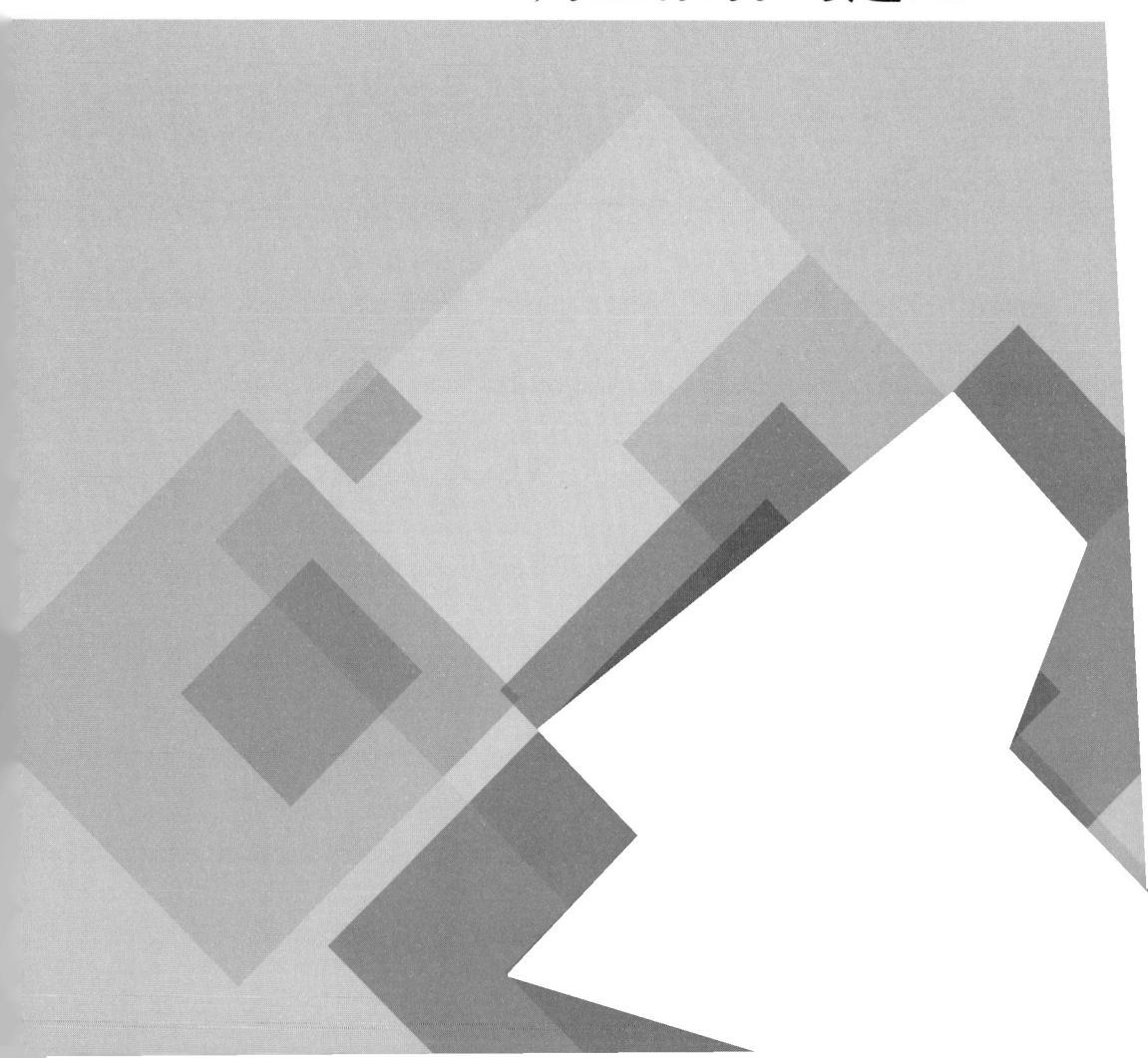

第一节　选题的重要性

在调查研究中，主题的选择是很重要的，因为它直接关系着调查研究的水平和质量，决定和制约着调查研究的过程，决定着调查报告的实际效果，即调查研究成果的社会价值。

选题确定的过程，就是明确调查研究的目的、对象、范围的过程。主题明确了，我们就知道要围绕什么问题来展开调查研究。对调查对象进行全面把握和深入分析之后，还要将调查研究的主题与目的关联起来考虑，为调查报告提供坚实的思想与材料基础。

一、选题体现和决定调查研究的水平和质量

调查研究的水平和质量首先体现在选题上。一个好问题的提出必须建立在研究者了解和掌握多方面知识、情况，并进行深入、细致的分析与研究的基础上。换个角度去看存在的问题，提出新的问题、新的可能性，这需要调查者、研究者有远见卓识。这也是事关社会调查研究水平和质量的根本性问题。

在全党大兴调查研究之风，高水平高质量的调查研究要坚持以习近平新时代中国特色社会主义思想为指导，全面贯彻落实党的

二十大精神，紧紧围绕党的理论和路线方针政策、党中央重大决策部署的贯彻执行，大力弘扬党的光荣传统和优良作风，突出问题导向和目标导向。广大党员、干部特别是领导干部要带头深入调查研究，不断深化对党的创新理论的认识和把握，善于运用党的创新理论研究新情况、解决新问题、总结新经验、探索新规律，扑下身子干实事、谋实招、求实效，使调查研究工作同中心工作和决策需要紧密结合起来，更好地为科学决策服务，为提高党的执政能力和领导水平服务，为完成新时代新征程的使命任务服务。

调查研究的水平和质量其次体现在搜集和整理材料上。调查研究的过程要以党的路线方针政策为指导；要对调查的目的、对象、范围有明确认识，保证方向正确，用力集中，卓有成效地开展调查；要在纷繁复杂的社会现象中抓住主流、抓住事物的本质，将其清晰地展现给读者。

调查研究的水平和质量还体现在问题的解决上，即调查报告的结论部分。搞好调查研究的重点是回答现实社会中亟须解决的问题，这是调查报告的现实意义。

二、选题决定和制约着社会调查研究的全过程

因为选题不同，调查的内容、方法、对象和范围就不同。现实生活中的各行各业，各地区、部门、单位的活动，呈现出多种多样的情况，可以说是错综复杂，千变万化。选题的方向和内容决定和制约着调查研究的全过程。

三、选题决定调查研究成果的社会价值

正确的有价值的选题是社会调查研究成功的必要条件。怎样

才能使选题产生社会价值，取得研究成果，这需要作者在切实掌握情况的基础上，作出正确的选择。有些社会情况虽然涉及面广，但对全局工作不会产生什么大的影响；而有些社会问题，目前虽然还处于萌芽状态，但很可能通过发展影响全局。这就要求我们要学会选择。

什么是有社会价值的选题呢？有社会价值的选题首先要考虑其在客观上的必要性。例如，要选择现实社会中具有关键性的问题，选择整个社会都十分关心、关注的问题，选择目前社会亟待解决的问题，选择科学研究中的重点和疑难问题。当前，高质量发展问题、乡村振兴中的重点问题、食品药品安全问题、就业教育医疗养老住房问题、生态环境问题等都是有社会价值的选题，需要党员干部去做好调查研究，解决好这些问题。

针对选题方向和内容，作者还要深入研究和思考，提出自己富有创造性的观点和见解。有社会价值的选题，应能够紧扣时代脉搏，反映群众要求和愿望，有效指导实际工作不断向前发展。

第二节 选题要坚持马克思主义认识论

　　一篇调查报告写得成功与否，选题非常重要。在建设中国特色社会主义现代化国家的伟大实践中，各种新事物、新经验、新问题、新情况层出不穷，它们之间相互联系，相互影响，错综复杂。尤其是当前，我国发展面临新的战略机遇、新的战略任务、新的战略阶段、新的战略要求、新的战略环境。世界百年未有之大变局加速演进，不确定、难预料因素增多，国内改革发展稳定面临不少深层次矛盾躲不开、绕不过，各种风险挑战、困难问题比以往更加严峻复杂，迫切需要通过调查研究把握事物的本质和规律，找到破解难题的办法和路径。所以，调查报告的选题应与时俱进，紧跟时代步伐。

　　毛泽东在《关于领导方法的若干问题》[①] 中指出：

　　在我党的一切实际工作中，凡属正确的领导，必须是从群众中来，到群众中去。这就是说，将群众的意见（分

---

① 《毛泽东选集》第 3 卷，人民出版社，1991 年版，第 899 页。

散的无系统的意见）集中起来（经过研究，化为集中的系统的意见），又到群众中去作宣传解释，化为群众的意见，使群众坚持下去，见之于行动，并在群众行动中考验这些意见是否正确。然后再从群众中集中起来，再到群众中坚持下去。如此无限循环，一次比一次地更正确、更生动、更丰富。这就是马克思主义的认识论。

所谓"从群众中来"，就是要深入人民群众的社会实践中，通过周密的调查研究，把群众实践中积累的经验、提出的要求和愿望集中起来，经过分析研究，形成符合实际情况的工作指示、方针、政策、计划和办法等。

所谓"到群众中去"，就是把从群众中集中起来的工作指示、方针、政策、计划和办法等，再用回到群众中去，用以指导群众的实践，并在群众的实践中得到丰富和发展。所以，"从群众中来，到群众中去"，是同马克思主义认识论的基本原理相一致的，是党的群众路线在实际工作中的具体运用和体现。

当前，调查研究要为完成新时代新征程的使命任务服务，就必须把"从群众中来，到群众中去"作为选择调查研究课题的基本要求之一。

党的路线方针政策来源于人民群众的实践活动，人民群众的实践活动是在党的路线方针政策指导下进行的，两方面是辩证统一的。所以，"从群众中来，到群众中去"，具体来讲就是以党的路线方针政策为依据，到人民群众建设中国特色社会主义的伟大实践中选择课题，使调查研究的课题同实现党的路线方针政策相一致，同人民群众的实践相一致。要想选择有价值的课题，就必须认真学习和领会党的理论、党的路线方针政策、党中央重大决策部署，就必须突出问题导向和目标导向，深入实际，深入群众，做到理论和实践相统一。只有这样才能搞好调查研究，写好调查报告。

第三节　选题的基本要求

选题的基本要求是选题的标准。调查报告是通过揭示事物本质和客观规律来全面正确反映客观事物的一种书面报告，具有明确的针对性、深刻的思想性、材料的真实性、事实的完整性等明显特征。这些特征决定了调查报告选题的基本要求有以下五个方面。

一、调查研究的课题是社会关注的

调查报告总的作用是指导人们认识和改造客观世界。不同时间、不同部门、不同地区、不同行业，工作的重点不同，人们要认识和解决的问题也不同。不同的时空，社会的关注点是不同的。这就要求我们必须依据党的路线方针政策，从不同的实际需要出发，有针对性地选择调查研究的课题。例如，我们要善于发现广大群众当前最关心的问题，各级党政部门、各行各业迫切需要解决的问题，并且通过调查研究准确地反映它们，提高人们的认识，以推动各项工作的开展。调查研究的课题针对性越强，调查报告的作用就越大。

二、调查研究的内容是客观存在的，要符合客观实际

真实性是调查报告的生命。调查报告这一基本特点，决定调查

研究的对象必须是社会中客观存在的，也就是选择调查研究的某一事件、某一问题、某一经验是真实存在的。只有对真实的、客观存在的对象进行调查研究，才会生成揭示事物客观规律、正确反映客观事物本质的调查报告，也才能发挥调查报告认识客观事物和指导实践活动的作用。把那些脱离客观实际的、无中生有的、虚假编造的事件和问题作为调查研究对象和调查报告写作对象，是同党和人民的事业背道而驰的，这对我们的事业是贻害无穷的。

三、调查研究的具体对象要有相对的完整性

调查报告所要反映的某一事情、某一问题、某一经验要有相对的完整性。

新闻报道选题的一个基本要求是"新"，一般要求报道最新发生的事实，如某项工作进展的程度、某项工作所取得的效果等，对报道事实的系统性和完整性要求不严。调查报告是通过对事实材料进行分析研究，来揭示事物的本质、发展规律、内外部联系等特征，而这些特征只有当事物发展到一定阶段才能表现出来。所以，调查者只有掌握调查研究的对象从产生到发展的相对完整的过程，才能在写调查报告时给出科学严谨的结论。

四、调查研究的问题要具有典型性

所谓典型性，就是要求调查研究的对象能够反映某类事物的普遍特征，具有一定的代表性。通过调查研究反映新情况、揭露新问题、总结新经验、指导工作，是调查报告的重要作用之一。这要求把那些具有典型性、代表性的事物作为调查研究的对象。

五、要选择自己熟悉的课题

调查研究要尽可能选择与自己专业或工作相关的课题。这样做，一是可以利用自己的专业知识和经验进行深入研究；二是可以利用工作条件搜集资料，为做好调查研究、写好调查报告作准备。

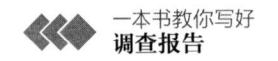

第四节　确定选题的方法

以党的路线方针政策为依据,深入人民群众实践当中,正确选择调查研究对象,是确定选题的主导思想。依照这个主导思想,在确定选题过程中,应该做好以下几点。

一、全方位掌握党的路线方针政策和现实基本情况,使选题具有坚实的基础

全方位掌握党的路线方针政策和现实基本情况,使选题既能体现党的路线方针政策,又能反映群众的实践。这要求我们必须认真选择课题、确定调查研究的对象。一般情况下,确定选题的主要途径有以下3个方面。

1.阅读中央和各级地方政府、部门的文件,了解各个时期、各个地区和部门各项工作的方针政策,以及工作要达到和实现什么样的目的。特别是中央的一些纲领性的重要文件,都要认真学习,领会其精神实质,真正做到掌握、理解、运用。例如,党员干部要认真学习《习近平新时代中国特色社会主义思想学习纲要(2023年版)》、党的二十大报告,以及《扩大内需战略规划纲要(2022—

2035 年）》《关于加强新时代水土保持工作的意见》《质量强国建设纲要》《数字中国建设整体布局规划》《关于在全党大兴调查研究的工作方案》等。

2. 深入基层，深入实际，同各级部门、单位经常联系，掌握它们的中心工作；深入社会，同群众保持联系，倾听他们的呼声，了解群众普遍关心的问题。毛泽东在大革命和土地革命时期所进行的调研，多数是社会关注的重要问题。例如："农民运动糟得很还是好得很""红旗能打多久""富农问题""土改后农民生活问题"等都是社会关注的重点问题。选择社会发展中出现的新情况、新问题，选择社会关注的民生问题，是调查研究选题的重要内容。当前，调查研究的重要内容之一就是人民最关心最直接最现实的利益问题，特别是就业、教育、医疗、托育、养老、住房等群众急难愁盼的具体问题。

3. 注意搜集和阅读各种工作计划、工作总结、工作简报等书面材料，经常阅读各种报刊，善于利用网络查询各种信息等，丰富自己的政策信息和其他各种相关信息。对当前的中心任务、人民群众最关心的问题、工作中迫切需要解决的问题、各项工作的发展趋向等，能做到心中有数，并根据实际需要选择有价值的调查研究课题。

二、到实际工作中寻找调查研究的选题

问题总藏在实际工作中，到实际工作中寻找调查研究的选题是一个很务实的办法。毛泽东在 1926 年 11 月被中共中央任命为农民运动委员会书记后，就选择农民运动为问题，用 32 天时间在湖南 5 个县进行考察，写出了《湖南农民运动考察报告》。新中国成立后，

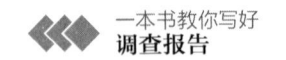

陈云分管经济工作，调研时就选择了经济问题，并写出了《青蒲农村调查》等。

又如，为了打赢脱贫攻坚战，中央先后安排中宣部、国家统计局、国家供销总社等三个中央部委和国家单位对口支援寻乌。在部委的有力帮扶下，寻乌扶贫脱贫事业迈入了"快车道"。到2017年3月，全县还有贫困村65个、贫困人口28819人，贫困发生率为10.5%，脱贫攻坚是寻乌当前和今后一个时期最重要的政治任务。为深入贯彻落实习近平总书记关于精准扶贫系列重要指示精神，坚决打赢脱贫攻坚战，寻乌县发扬"深入唯实"的寻乌调查精神，开展了精准扶贫"寻乌再调查"活动，并形成《寻乌县扶贫脱贫工作调查报告》①，现实意义较强。

事物总是不断变化发展的，在这过程中总会出现一些新情况新问题，这些新情况新问题有时就是调查研究的选题。例如，《一个私营企业主的入党经历及启示》②主要讲述私营企业主韩行通在致富后，携带大量资金返回贫困山乡，带领乡亲共同致富，并光荣加入中国共产党的事情。该报告对"私营企业主入党会不会模糊党的性质，入党动机纯不纯"等党员中存在的认识问题，从党的路线方针政策和党的性质等方面给予了分析，解决了党建工作中出现的新问题，为在包括私营企业主在内的新的社会阶层中发展优秀分子入党开辟了新的渠道。习近平总书记指出，"非公有制企业是发展社会主义市场经济的重要力量。非公有制企业的数量和作用决定了非公有

---

① 中共寻乌县委：《寻乌县扶贫脱贫工作调查报告》，《人民日报》2017年3月17日。
② 参见《求是》2002年第7期。

制企业党建工作在整个党建工作中越来越重要，必须以更大的工作力度扎扎实实抓好"。随着我国经济社会的蓬勃发展，非公企业在我国经济总量中所占的比例越来越大，成为国家税收的重要来源，对推动科技创新、增加就业、维护社会稳定发挥了不可替代的作用。非公企业党建工作是党的基层组织建设的重要组成部分，我们要站在新的历史方位，主动适应发展新形势，精准把握新时代党建工作的新特点，不断提高党的建设质量。

调查报告的选题确定以后，一般是不变的，这是因为选题是经过对路线方针政策和实际情况分析研究后确定的，具有一定的实际性和科学性。但是选题不是恒久不变的，这是因为现实情况是不断变化和发展着的，调查报告是反映客观现实的，这就要求选题应随着实际情况的变化而有所调整。确定选题后，在具体的调查研究过程中，一旦发现更新更有价值的调查研究对象，就应放弃原有的选题，及时调整调查研究的课题。我们不能把确定的选题变成包袱，妨碍去发现还没有被注意到的新情况、新问题和新的发展方向。

第四章

调查研究前的准备工作

第一节　调查研究计划的制订

调查研究是一项目的明确的工作。在调查时，事先没有计划，没有准备，就会给调查研究工作带来困难。为了使调查研究工作能有计划、有系统地按时按步进行，要做好调查研究前的准备工作，尤其是要做好计划。

制订调查研究计划主要包括以下几个方面。

1. 根据选题，确定调查目的、任务、应解决的问题，明确调查地区、部门、单位等范围和规模。

2. 大致规划进行调查研究所需的时间和步骤，确定调查研究的方式方法，提出应注意的事项。对于范围较大的调查研究，要详细规定调查研究的时间、统一表式等。

3. 拟定调查研究提纲，列出所要调查研究的项目。这些项目，应该是把许多问题按照一定的逻辑系统地排列起来。凡调查研究项目可以制成表格的，要事先制成调查表，以便统计。

4. 对于一些工作量较大的调查研究，还要确定调查研究工作的组织领导形式、人员分工和工作制度等。

做好调查研究的准备工作，最主要的是要学习好为完成调查研究工作所必需的相关政策和具体知识，了解调查研究对象的一般情况，拟定调查研究的提纲。

首先，要学习与调查研究项目有关的方针政策。这里主要是指学习有关调查研究对象某项工作或某个问题，中央具体的方针和政策是什么；地方或部门在贯彻中央方针政策时，结合实际又做了哪些具体规定。

其次，学习一些与调查研究项目有关的社会学知识、自然科学知识、地理学知识、经济学知识及其他相关的专业知识等。关于这点，于光远在《怎样进行调查研究》一书中这样讲道：

> 在调查一个纱厂以前，就应了解一下关于机器纺纱厂的一般生产过程，了解一下今天机器纺织业的情况与所学习的一般问题，了解一下一般纺纱工人生活的特点，并要学习一下如何接近工人及进行工厂调查的经验。此外有些基本数字，如一个工人大概能管多少锭子，一个锭子一天能纺出多少纱等等，事先也要能大致知道才好。这一类最低限度的知识是必要的，因为只有具备了这些知识，去进行调查时才会发问恰当，才能问出材料和看出问题来。

与调查研究对象相关的专业知识的获得，可以请教有经验的人，可以阅读有关参考资料，也可以通过参观来获得。

再次，大致了解调查对象的背景、现实情况，对所要解决的问题，先做一个初步的分析与研究。例如，通过阅读简报、工作总结、报刊、网络资讯等，了解一些有关调查对象的资料，这可以使我们初步了解问题之所在，知道哪些材料已经比较充分，哪些材料是最主要的和最欠缺的，以便明确调查研究的重点。

最后，除学习有关政策和业务知识以外，还应当学习一些调查研究工作方法论方面的常识。例如：可以阅读一些这方面的专著专论，掌握正确的调查方法和工作方法；学习一些有关调查研究方面的专业知识，特别是统计调查的方法，了解统计学方面的基本概念，掌握几种常用统计调查方法；等等。这些对于提高调查研究的效率和质量是很有好处的。

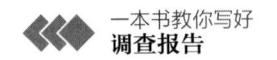

第二节　调查提纲的拟写

拟写调查提纲是开展调查研究工作的重要组成部分，对于指导调查研究工作，提高调查研究效果，达到调查研究目的，具有十分重要的意义。

所谓调查提纲，就是把调查研究的主要问题和每个问题的各个项目，按照一定的逻辑系统排列起来，用以指导调查研究工作。

毛泽东在《反对本本主义》[①]中指出：

> 所谓"调查纲目"，要有大纲，还要有细目，如"商业"是个大纲，"布匹""粮食""杂货""药材"都是细目，布匹下再分"洋布""土布""绸缎"各项细目。

如果把毛泽东这段话中的纲和目列出来，就是个完整的调查提纲。

---

① 《毛泽东选集》第 1 卷，人民出版社，1991 年版，第 117 页。

根据调查提纲的概述和毛泽东关于调查提纲的论述，可以发现，把"纲"和"目"按照一定的逻辑组织、排列起来，是拟写调查提纲的重要方法。

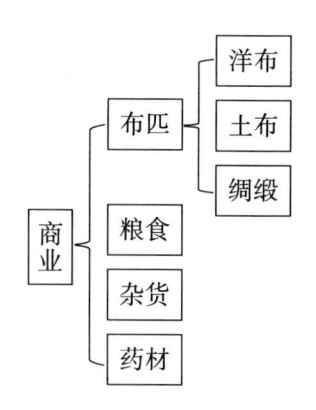

```
             ┌─ 洋布
      ┌─ 布匹 ─┼─ 土布
      │       └─ 绸缎
      │
商业 ─┼─ 粮食
      │
      ├─ 杂货
      │
      └─ 药材
```

根据这一特点，调查提纲的拟写有三个基本要求。

第一，调查提纲必须与调查对象的变化发展相一致。这是因为事物是不断发展的，要使调查研究得到正确的结论，就必须获得有关调查研究对象的变化发展的情况。所以，在起草调查提纲前，必须对调查研究的问题有大概的了解和思考，必须对调查研究对象的新特点、新演变有大致的了解。只有这样，才能使起草的提纲不至于与现实情况相脱节。

第二，调查提纲必须与实际工作相一致。调查提纲的内容和顺序应当与实际工作的过程相符合，一般应当是：情况—工作—问题—经验。或者是：背景—特征—发展—效果。这就要求我们起草调查提纲时，必须追溯同类事物运动变化的特点，抓住同类事物运动发展的规律，并参照以往的经验，使调查提纲与实际工作紧密联系。

第三，调查提纲要尽量照顾到搜集材料的系统性。调查提纲本身应是材料系统性的反映，具有灵活性、系统性、完整性等特征，应当包括事物的各个主要部分、主要环节、主要侧面。调查提纲每一部分的末尾要附以"其他"一项，以防遗漏重要问题。

调查提纲一般应先列大纲，然后再列细目。所谓大纲就是关于调查研究对象大的方面的问题，所谓细目就是每个大的方面的问题中的小的方面的问题。也就是说，先列出大的问题，然后再将其划分为具体的小问题。下面是新华社记者徐占琨等人在调查桂林风景区污染治理情况时的调查提纲：

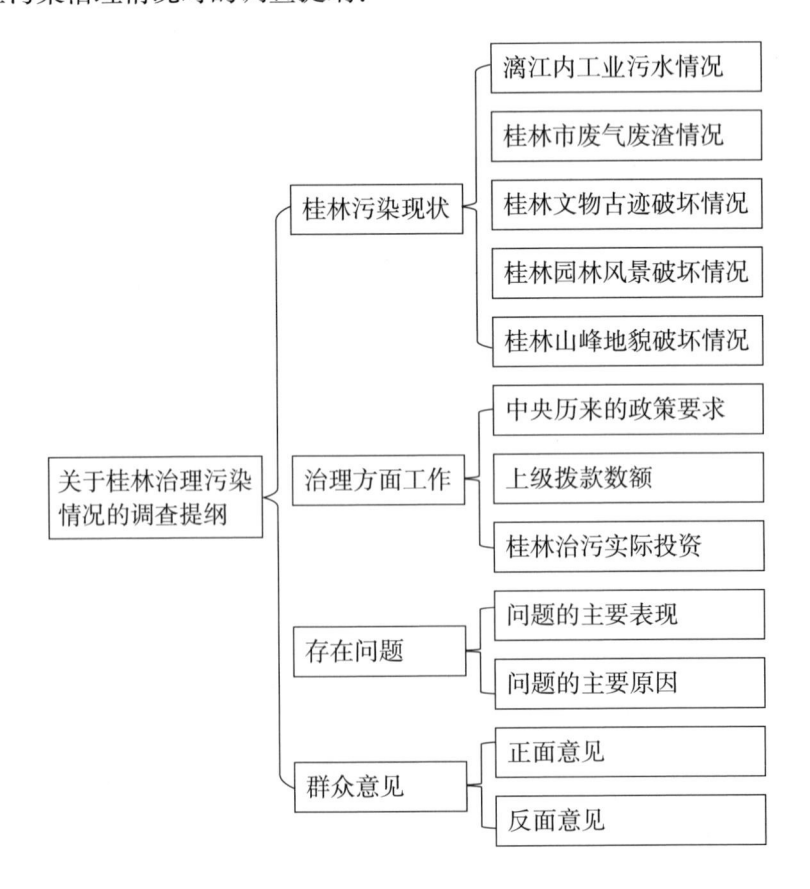

```
关于桂林治理污染        ├─ 桂林污染现状 ─┬─ 漓江内工业污水情况
情况的调查提纲          │              ├─ 桂林市废气废渣情况
                       │              ├─ 桂林文物古迹破坏情况
                       │              ├─ 桂林园林风景破坏情况
                       │              └─ 桂林山峰地貌破坏情况
                       ├─ 治理方面工作 ─┬─ 中央历来的政策要求
                       │              ├─ 上级拨款数额
                       │              └─ 桂林治污实际投资
                       ├─ 存在问题 ────┬─ 问题的主要表现
                       │              └─ 问题的主要原因
                       └─ 群众意见 ────┬─ 正面意见
                                      └─ 反面意见
```

对于一些反映基本情况的调查报告，需要更详细地拟定调查提纲。毛泽东1930年5月写成的《寻乌调查》是对江西省赣州市寻乌县的重要调研，内容翔实，具有开创性的重要意义。文章的纲目详尽，层次清晰。

寻乌调查

第一章　寻乌的政治区划
第二章　寻乌的交通
　　（一）水路
　　（二）陆路
　　（三）电报
　　（四）邮政
　　（五）陆路交通器具
第三章　寻乌的商业
　　（一）门岭到梅县的生意
　　（二）安远到梅县的生意
　　（三）梅县到门岭的生意
　　（四）梅县到安远、信丰的生意
　　（五）惠州来货
　　（六）寻乌的出口货
　　（七）寻乌的重要市场
　　（八）寻乌城
第四章　寻乌的旧有土地关系
　　（一）农村人口成分
　　（二）旧有田地分配
　　（三）公共地主
　　（四）个人地主
　　（五）富　　农
　　（六）贫　　农
　　（七）山林制度
　　（八）剥削状况
　　（九）寻乌的文化
第五章　寻乌的土地斗争
　　（一）分配土地的方法
　　（二）山林分配问题
　　（三）池塘分配问题
　　（四）房屋分配问题
　　（五）分配土地的区域标准
　　（六）城郊游民要求分田
　　（七）每人得田数量及不足生活之补添
　　（八）留公田问题
　　（九）分配快慢
　　（十）一个"平"字
　　（十一）抵抗平田的人
　　（十二）原耕总合分配
　　（十三）暴动在莳田之后怎样处理土地
　　（十四）非农民是否分田
　　（十五）废债问题
　　（十六）土地税
　　（十七）土地斗争中的妇女

以上虽然是《寻乌调查》的章目，但是可以把它当作一个调查

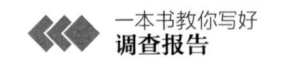

提纲来看。学习毛泽东"纲"与"目"的处理方法，对于根据不同调查研究对象，按照事物总体和部分的关系，按照事物的本质特征和发展规律进行分类排列，拟定调查提纲的"纲"和"目"，都有很大的帮助。

有的调查提纲就是调研时的问题清单。例如，《上下齐攻坚 啃下硬骨头——来自脱贫攻坚一线的调查报告》[1]的纲目：

> 脱了贫如何稳得住？
> 群众满意度如何提升？
> 如何改进完善第三方评估机制呢？
> 压实责任如何增添动力？
> 脱贫内生动力如何激发？

此纲目是一个个问题，这样的形式也可以用来拟写调查提纲。

客观事物是错综复杂的、千变万化的，有时一次不可能调查研究清楚，常常要进行多次调查研究，调查提纲也要不断地补充和修改。在调查过程中，要正确运用提纲。一方面要以提纲指导调查研究另一方面又不能完全受提纲框框的约束，在根据提纲的内容进行调查研究以外，还必须从实际工作的角度出发，使提纲本身得到充实、提高，更加适用于调查研究工作的开展，并为顺利地写好调查报告打下坚实的基础。

---

[1] 张毅、黄庆畅、武少民等：《上下齐攻坚 啃下硬骨头——来自脱贫攻坚一线的调查报告》，《人民日报》2018年6月5日。

第三节　调查统计表格的制作

调查统计表格就是根据调查研究的项目内容制成合适的表格，用表格内容来展现调查研究内容的一种形式。调查统计表格对于统一调查研究项目的内涵和外延、提高调查研究材料的真实性和准确性，运用数学的方法对调查研究材料进行统计分析，增强调查报告的说服力，都具有重要作用。

制定调查统计表格的基本要求是：从调查研究的目的和任务出发，建立全面反映调查研究对象本质特征和变化发展的指标体系，制定统一的指标含义、统一的分类标准、统一的计算方法、统一的汇总要求等规定。统计表的结构，一般由标题、横标目、纵标目、数字四部分组成。标题是指统计资料的内容，包括这些资料搜集的时间和空间范围；横标目是指统计表说明的对象，即分组的名称；纵标目是统计表的宾项，即调查指标；数字是统计表的主体，要求与横纵标目一一对应；统计表一般要有指标解释。

统计表是一种应用范围较广的调查表，主要是运用统计学原理来制作的。

例如，《中华人民共和国 2022 年国民经济和社会发展统计公报图表》[①]中的表格（见表 4-1、表 4-2）。表内的标目及层次清晰，数据展示直观，易于阅读。

表 4-1　2022 年年末人口数及其构成

指标	年末数（万人）	比重（%）
全国人口	141175	100.0
其中：城镇	92071	65.2
乡村	49104	34.8
其中：男性	72206	51.1
女性	68969	48.9
其中：0—15 岁（含不满 16 周岁）	25615	18.1
16—59 岁（含不满 60 周岁）	87556	62.0
60 周岁及以上	28004	19.8
其中：65 周岁及以上	20978	14.9

年末全国人口 141175 万人，比上年末减少 85 万人，其中城镇常住人口 92071 万人。全年出生人口 956 万人，出生率为 6.77‰；死亡人口 1041 万人，死亡率为 7.37‰；自然增长率为 -0.60‰。

文章中以文末注的方式对有些标目作了解释。例如，文章中对"全国人口"作了解释："是指我国大陆 31 个省、自治区、直辖市和现役军人的人口，不包括居住在 31 个省、自治区、直辖市的港澳台居民和外籍人员。"

---

① 国家统计局：《中华人民共和国 2022 年国民经济和社会发展统计公报图表》，《人民日报》2023 年 3 月 1 日。

表 4-2　2022 年居民消费价格比上年涨跌幅度

单位：%

指标	全国	城市	农村
居民消费价格	2.0	2.0	2.0
其中：食品烟酒	2.4	2.6	2.1
衣　着	0.5	0.6	0.3
居　住	0.7	0.5	1.3
生活用品及服务	1.2	1.2	1.0
交通通信	5.2	5.2	5.0
教育文化娱乐	1.8	1.9	1.7
医疗保健	0.6	0.6	0.8
其他用品及服务	1.6	1.5	2.0

全年居民消费价格比上年上涨 2.0%。工业生产者出厂价格上涨 4.1%。工业生产者购进价格上涨 6.1%。农产品生产者价格上涨 0.4%。12 月份，70 个大中城市中，新建商品住宅销售价格同比上涨的城市个数为 16 个，持平的为 1 个，下降的为 53 个；二手住宅销售价格同比上涨的城市个数为 6 个，下降的为 64 个。

文章中对"农产品生产者价格"作了解释："是指农产品生产者直接出售其产品时的价格。"

统计表是运用得最为广泛的一种调查形式，它具有简明、集中、系统、完整的特点，便于计算、阅读和研究分析。

第四节　调查问卷的制作

问卷调查法，也称问卷法，是调查者运用统一设计的问卷向调查研究对象了解情况或征询意见的调查方法，具有以下特点：

1. 标准化，即调查使用统一的标准化的调查问卷；

2. 间接性，即调查中通常由被调查者本人填写调查问卷并返还给调查者；

3. 书面性，即调查都是通过书面形式的问卷来搜集调查资料；

4. 抽样调查，即调查单位、对象通常通过抽样方法（尤其是随机抽样方法）来确定；

5. 适于定量调查，即问卷调查往往适合调查对象众多、调查规模大的调查，尤其适合作为定量研究中搜集资料的方法。

随着信息传播技术的发展，调查问卷形式也逐渐多样，有报刊问卷、邮政问卷、访问问卷、电话问卷、网络点击问卷等。

问卷调查中最为关键的是问卷的设计，问卷质量高低很大程度上决定着调查研究质量的高低。要设计好问卷，首先得了解问卷的结构。

问卷在结构上一般由首卷语、问题与回答方式、编码和其他资料四个部分组成。

首卷语是问卷调查的自我介绍信，包括调查的目的、意义和主要内容，选择被调查者的途径和方法，对被调查者的希望和要求，填写问卷说明，回复问卷的方式和时间，调查的匿名和保密原则，以及调查者的名称，等等。其目的是引起被调查者的重视和兴趣，争取他们的合作和支持。

问题和回答方式是问卷的主要组成部分，一般包括问题、回答方式、对回答方式的指导与说明等。

回答问卷问题通常有两种基本类型：

1.开放型回答，指对问题的回答不提供任何具体答案，由调查对象自由回答。

例如：1.您在饭店吃完饭后有剩余食物会打包回家吗？

答：_____。

2.您了解绿色低碳生活方式吗？您愿意践行这种生活方式吗？

答：_____。

2.封闭式回答，是将问题的几种主要答案甚至一切可能的答案全部列出，然后由调查对象从中选出一种或几种作为自己的答案，而不能在给出的答案之外另作回答。其回答方式主要有多项式、两项式、顺序式、等级式、矩阵式、表格式等。

（1）多项式。即可供选择的答案在两个以上，调查对象或只选填其中一个，或可以选填其中几个答案。

例1：您的学历（含在读）

  a.高中或中专 b.大专 c.本科 d.硕士 e.博士

例2：您的职务（可多选）

  a.校长 b.教导主任 c.教研组长 d.教师 e.其他

例3：您所教的年级

  a.初一 b.初二 c.初三

（2）两项式（又称是否式）。即只有两种回答方式。

例1：您是否重视牙齿健康？是_____；否_____。

例2：您是否有让孩子出国留学的打算？是_____；否_____。

（3）矩阵式或表格式。即将同一类型的若干问题集中在一起，共用一组答案，从而构成一个系列的表达方式。

例1：您觉得下列现象在你们公司是否严重？（请在每行适当的表格中打√）

	严重	比较严重	不太严重	不严重	不知道
①迟到					
②早退					
③旷工					
④工作效率低下					

（4）顺序填写式或等级式。即列出多种答案，调查对象填写答案时要求列出先后顺序或不同等级。

例1：下列因素可能对你选择未来职业有影响，请你按各项因素的重要程度排列成顺序，并将排列序号填在各选项前的括号中。

（　　）薪水（　　）福利（　　）职业发展空间

（　　）个人自我价值实现（　　）可以获得的培训机会

（　　）对家庭的照顾

例2：请您根据下列问题的严重程度打分，最严重的打5分，以此类推，最不严重的打1分。

a.污染（　）b.房价（　）c.医疗（　）d.教育（　）

e.就业（　）

在设计问卷时，对问题的答案设计要符合以下原则：

1.相关性原则，即设计的答案必须与询问问题具有相关关系；

2.同层性原则，即设计的答案必须是具有相同层次的关系；

3.完整性原则，即设计的答案应该穷尽一切可能的、起码是一切主要的答案；

4.互斥性原则，即设计的答案必须是互相排斥的；

5.可能性原则，即设计的答案必须是调查对象能够回答，也愿意回答的；

6.顺利转接原则，即对相关问题的转接要简明、清晰，使调查对象一看就懂。

问卷的问题大体由下述内容组成：

1.背景方面的问题，询问调查对象的基本情况；

2.事实或行为方面的问题，询问已经或正在发生的各种客观情况；

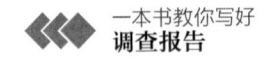

3. 观念、态度、情感方面的问题；

4. 检验性问题，主要是检验调查对象回答问题时的诚实性。

其中第一类不可缺少，其他几类可视问卷目的、内容而定。

问卷问题的结构排列或组合方式可以根据问题的逻辑性按以下方式排列：

1. 按问题的性质或类别排列；

2. 按问题的复杂程度或困难程度排列；

3. 按问题的时间顺序排列。

问卷问题的设计要遵循以下原则：

1. 必须符合客观实际情况；

2. 必须围绕调查研究的选题和研究假设，选择最必要的问题；

3. 必须考虑调查对象回答问题的能力；

4. 必须考虑调查对象真实回答的可能性。

例如，马克思在1880年4月，为法国《社会主义评论》杂志编写的《工人调查表》。全文分为4个部分、共99个具体问题。下文是《工人调查表》中的16个问题。

1. 请说明工作日一般有多长，一星期一般有几个工作日。

2. 请说明一年有几个假日。

3. 在一个工作日内有哪些休息时间？

4. 有没有规定一定的吃饭时间，或吃饭是不定时的？

5. 在吃饭时间干不干活？

6. 如果用蒸汽，请说明实际的开关时间。

7. 开不开夜工？

8. 请说明童工和16岁以下的少年工人的工作时间。

9. 在一个工作日内，童工和少年工人是不是换班？

10. 政府有没有通过控制童工劳动的法令？企业主是不是严格遵守这些法令？

11. 有没有为在你的工业部门劳动的童工和少年工人设立学校？如果有，那么一天中哪些时间孩子们是在学校度过的？他们学习些什么？

12. 在生产日夜进行的地方，采用怎样的换班制度，是不是由一班工人换另一班工人？

13. 在生产繁忙时期，工作日通常延长多久？

14. 机器是专门雇人来擦拭的呢，还是由使用机器的工人在工作日内无报酬地擦拭的？

15. 采用哪些规则和处分来保证工人在工作日开始时和午休后准时上工？

16. 你每天从家里到工作地点以及工作后回家要花多少时间？

从上面调查研究的具体问题来看，书面问答式调查表具有以下一些特点：

一是使被调查者了解调查的意见和意图，启发被调查者与调查者合作，积极反映情况；

二是调查的问题具体、简单，多数用"是"或"不是"就可以回答，使被调查者易于回答；

三是对被调查者的情况负责，没有得到特别允许不得泄露。

这几个特点也是书面问答式调查表与统计式调查的不同点，这是要注意的。

在制作调查表格时，应根据调查的具体对象、目的、任务，灵活使用不同类型的调查表，以更好发挥调查表的作用。

第五章

调查研究工作开展的总体要求

第一节　坚持党的群众路线

2023 年 3 月，中共中央办公厅印发《关于在全党大兴调查研究的工作方案》中指出，在全党大兴调查研究，"必须坚持党的群众路线，从群众中来、到群众中去，增进同人民群众的感情，真诚倾听群众呼声、真实反映群众愿望、真情关心群众疾苦，自觉向群众学习、向实践学习，从人民的创造性实践中获得正确认识，把党的正确主张变为群众的自觉行动"。这是总结历史经验得出的重要结论，也为新形势下深入贯彻党的群众路线指明了努力方向。

调查研究，是搜集信息、处理信息、判断信息、应用信息的过程。而实现这一过程的途径，就是广泛从人民群众中搜集实际的而不是虚假的、全面的而不是片面的、系统的而不是零碎的材料，加以分析、整理，找到事物内在的本质特点，认识事物的规律，实现主观与客观相统一。在全党大兴调查研究，并将之作为在全党开展 2023 年主题教育的重要内容，就是要求我们增强群众工作本领，要求把党的群众路线贯彻到治国理政的全部活动中去，推动全面建设社会主义现代化国家开好局起好步。

搞好调查研究，要看基层下得深不深、了解群众透不透，只有迈开双腿走下去，放开身心沉下去，才能察到实情、获得真知，使调查研究工作收到实效。搞好调查研究，要把人们最关心、最直接、最现实的问题，作为选题的设置、问题的剖析、对策的提出；要站在群众角度、替群众着想，把实现好、维护好、发展好群众根本利益作为基点和归宿。搞好调查研究，要真诚倾听群众呼声、真实反映群众愿望、真情关心群众疾苦，把对群众的真挚感情转化为服务群众的内在动力和实际行动。

在调查研究的过程中要重视人民群众的创新实践。人民群众是实践的主体，是历史的创造者。无论是经济建设、政治建设、文化建设、社会建设还是生态文明建设，无不源自群众的创新创造。搞好调查研究，关键是牢固确立人民群众的主体地位，坚持"从群众中来、到群众中去"的根本方法。谋划工作、制定规划、出台政策，都要增加深入基层调研的深度，扩大听取群众意见的范围，虚心问政于民、问需于民、问计于民，从基层的生动实践中探寻打开工作思路的钥匙。

第二节　坚持实事求是

中共中央办公厅印发的《关于在全党大兴调查研究的工作方案》中指出，在全党大兴调查研究，"必须坚持实事求是，坚守党性原则，一切从实际出发，理论联系实际，听真话、察实情，坚持真理、修正错误，有一是一、有二是二，既报喜又报忧，不唯书、不唯上、只唯实"。开展调查研究，只有坚持党的这一思想路线，深入实际、了解实际，才能做到实事求是，找到解决实际问题的实招高招。对于从事调查研究的人员而言，坚持从实际出发确定调查研究的主题，提出的工作思路、政策、方案符合实际情况、符合客观规律、符合科学精神，才能把党中央决策部署落到实处。

实事求是是贯穿我们党的全部实践、全部理论的一条基本线索。什么时候坚持实事求是思想路线，党的事业就顺利发展、胜利前进，什么时候偏离了实事求是思想路线，党的事业就会遭受挫折。实事求是是中国共产党人世界观、方法论的基石。只有自觉坚持和运用实事求是思想路线，我们才能更加自觉地认识和把握世情、国情、党情的深刻变化，坚持一切从实际出发。坚持党的实事求是思想路线，同坚持党的群众路线的根本工作路线是内在联系和统一的。

实事求是，是马克思主义的根本观点，是中国共产党人认识世界、改造世界的根本要求，是我们党的基本思想方法、工作方法、领导方法。毛泽东1941年在《改造我们的学习》中曾对实事求是作过经典阐述，他说："'实事'就是客观存在着的一切事物，'是'就是客观事物的内部联系，即规律性，'求'就是我们去研究。坚持从实际出发确定调查研究的主题，提出的工作思路、政策、方案，才能符合实际情况、符合客观规律、符合科学精神，才能把党中央决策部署落到实处。坚持一切从实际出发，是我们进行调查研究的出发点和落脚点。"调查研究就是在"'实事'中'求'是"的过程。

调查研究要坚持从实际出发、实事求是，这不只是思想方法问题，也是党性问题。习近平总书记指出："从当前干部队伍实际看，坚持实事求是最需要解决的是党性问题。"敢不敢坚持实事求是，考验着我们的政治立场，考验着我们的道德品质。调查研究要做到实事求是，不仅要有正确的思想方法和工作方法，还必须有公而忘私和不计个人得失的品格。党员干部是不是实事求是可以从很多方面来看，最根本的是要坚持以党性立身，要讲真话、讲实话，要干实事、求实效，要敢于坚持真理、善于独立思考、坚持求真务实。

第三节　坚持问题导向

中共中央办公厅印发的《关于在全党大兴调查研究的工作方案》中指出，在全党大兴调查研究，"必须坚持问题导向，增强问题意识，敢于正视问题、善于发现问题，以解决问题为根本目的，真正把情况摸清、把问题找准、把对策提实，不断提出真正解决问题的新思路新办法"。当前在调查研究过程中，存在一些不容忽视的问题，有的地方在调查研究中预设框框、回避矛盾、华而不实等问题突出；有的党员干部不愿或不会调查研究，只按规定路线走马观花，看精心准备的样板，听照本宣科的汇报，搞盆景式调查、花架子研究。这些有调查无研究、有研究无方案、有方案无实施、有实施无效果的伪调查研究，非但不能发现问题、解决问题，反而会增加决策失误的风险。

调查研究要坚持问题导向。1930年，毛泽东在《反对本本主义》一文中指出，"你对于某个问题没有调查，就停止你对于某个问题的发言权""调查就像'十月怀胎'，解决问题就像'一朝分娩'。调查就是解决问题"。调查研究的目的是解决问题、化解矛盾，因此必须

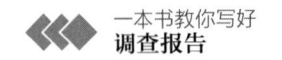

强化问题意识、坚持问题导向。只有深入基层、了解实情，扎实细致开展调查研究，才能找出问题症结、开出管用良方，才能抓住和解决人民群众最关心最直接最现实的利益问题，让改革发展稳定各项任务落下去，让惠及百姓的各项工作实起来，推动党中央大政方针和决策部署在基层落地生根、开花结果。

做好调查研究工作既要重调查，又要重研究，二者缺一不可。光调查不研究，就会"只见树木，不见森林"；光研究不调查，则只能是"纸上谈兵""空中楼阁"。调查要广泛搜集第一手材料，研究则要通过对材料进行分析、综合、比较、概括和判断，形成理性认识。要对问题涉及的各方面进行全面深入调查，开展去粗取精、去伪存真、由此及彼、由表及里的剖析，分清现象与本质、主流与支流、成绩与缺点、主要矛盾与次要矛盾，进而发现事物的内在联系和本质特征，提炼出规律性认识。

第四节　坚持攻坚克难

中共中央办公厅印发的《关于在全党大兴调查研究的工作方案》中指出,在全党大兴调查研究,"必须坚持攻坚克难,发扬斗争精神,增强斗争本领,勇于涉险滩、破难题,知难而进、迎难而上,把调查研究成果转化为推进工作、战胜困难的实际成效"。在调查研究中,要站在攻坚克难最前沿,瞄准"卡脖子"的难题,抓住影响全局的关键,集中力量,集中精力,下定决心,埋头苦干,把坚持攻坚克难作为党员干部所必需的能力品质,创造无愧于党、无愧于人民、无愧于时代的业绩。

在调查研究中坚持攻坚克难,彰显的是政治忠诚,展现的是能力素质,体现的是担当作为。在攻坚克难中,将忠诚、担当糅进调查研究工作的每一步、每一个细节,书写成一份份调查报告,有效解决实际问题,才能交出不负时代、不负人民的答卷。

在调查研究中坚持攻坚克难,要基于对形势的科学研判。攻坚克难不意味着一味苦干蛮干。在调查研究的过程中,只有对形势、问题进行全方位的分析,作出最科学的判断,才能明确调查研究要发力的方向。只有既看到调查研究过程中的困难矛盾和风险挑战，同时看到开展调查研究的优势条件和机遇可能，才能推动调查研究的开展。

在调查研究中坚持攻坚克难，靠的是敢战能胜的强大本领。胜利不会凭空出现，增强自身能力是关键。要加强学习，增强调查研究工作的科学性、预见性和主动性，避免陷入少知而迷、不知而盲、无知而乱的困境。面对困难，要发扬斗争精神，坚持底线思维、增强忧患意识，切实做好防范化解调查研究工作中各项阻力与风险。能力是立身之本，只有切实提高调查研究能力，才能确保调查研究工作有成效，为科学决策提供有价值的参考。

在调查研究中坚持攻坚克难，贵在有坚持不懈的韧性和耐力。攻坚克难考验着啃硬骨头、涉险滩的勇气，需要打攻坚战、持久战的精神。惟久久为功者进，惟持续发力者强，惟奋勇搏击者胜。越是狭路相逢，越需要激发"越是艰险越向前"的英雄气概，保持"千磨万击还坚劲"的昂扬斗志。在调查研究工作中，我们会面临多种考验，甚至会遇到难以想象的困难。不畏险阻往前冲，不获全胜不收兵，才能把握主动，完成调查研究工作。

第五节　坚持系统观念

中共中央办公厅印发的《关于在全党大兴调查研究的工作方案》中指出，在全党大兴调查研究"必须坚持系统观念，深入实际、深入基层、深入群众调查了解情况，把握好全局和局部、当前和长远、宏观和微观、主要矛盾和次要矛盾、特殊和一般的关系，前瞻性思考、全局性谋划、整体性推进党和国家各项事业"。系统观念是马克思主义哲学重要的认识论和方法论，是贯穿习近平新时代中国特色社会主义思想的立场观点方法之一。

唯物辩证法认为，万事万物是相互联系、相互依存的。中国共产党始终坚持唯物辩证法，善于从系统观念出发来认识和改造世界。在《矛盾论》中，毛泽东强调，中国共产党人"不但要研究每一个大系统的物质运动形式的特殊的矛盾性及其所规定的本质，而且要研究每一个物质运动形式在其发展长途中的每一个过程的特殊的矛盾及其本质"。邓小平强调："要提倡顾全大局。有些事从局部看可行，从大局看不可行；有些事从局部看不可行，从大局看可行。归根到底要顾全大局。"习近平总书记指出："系统观念是具有基础性的思想和工作方法。"调查研究坚持系统观念，要求我们客观地而不是主观地、发展地而不是静止地、全面地而不是片面地、系统地而不是零散地、普遍联系地而不是孤立地观察事物、分析问题、解决问题，在矛盾双方对立统一的过程中把握事物发展规律。

调查研究坚持系统观念，要求我们深入实际、深入基层、深入群众调查了解情况。要双脚沾泥走村入户听民声，放下架子、接通地气，认真了解群众心里所想，来不得半点虚假。调查研究是为了听实话、察实情，发现问题、解决问题，要多到困难多、意见多、工作薄弱的地方去看一看。走心的调研不仅要身入基层，实地去看、去听、去问、去体验、去感悟，更要心到基层，将心比心、以心换心，以忠诚之心、爱民之心、责任之心、敬畏之心走好深入基层的"最后一公里"。

坚持系统观念推进调查研究工作，需要不断提高战略思维、历史思维、辩证思维、系统思维、创新思维、法治思维、底线思维能力。这一系列重要思维能力，既各有侧重，又相互联系，是我们需要掌握的科学思维方法。比如，战略思维强调高瞻远瞩、统揽全局，善于把握事物发展总体趋势和方向；辩证思维强调承认矛盾、分析矛盾、解决矛盾，善于抓住关键、找准重点、洞察事物发展规律；系统思维强调统筹兼顾、综合平衡，突出重点、带动全局；等等。学好用好这些科学思维方法，就能在调查研究时用普遍联系的、全面系统的、发展变化的观点观察事物，把握事物发展规律，找到解决问题的方法，掌握事物发展的方向。

第六章

调查研究的方法

第一节　调查研究的科学态度

调查研究是一项要求严格、科学性很强的工作，因此，要搞好调查研究，必须具有实事求是的科学态度。"一切从实际出发，理论联系实际"，实事求是，是我们党一贯倡导的思想路线，也是进行调查研究工作的立场、观点和方法。

在调查实践中，遵照实事求是的原则去调查研究，尊重事实，正确反映客观事物的本来面目，才能得出正确的结论；反之，按照主观唯心主义脱离实际的理论去调查研究，不尊重客观事物，主观片面地去反映事物，就会得出错误的结论。调查报告要正确反映客观事物的这一特征要求调查研究工作必须具有实事求是的科学态度。

一、深入实际，深入群众

第一，实践的观点是辩证唯物主义的基本观点。农村、社区、企业、医院、学校、新经济组织、新社会组织等基层单位是社会实践的场所，广大人民群众是社会实践的主体，要想了解社会生活中客观事物的情况，就必须深入实际当中，深入群众当中，掌握实情，把脉问诊，问计于群众，问计于实践。

第二，事物存在于纷繁复杂的社会现象中，事物的本质隐藏在表面现象之下。要正确认识一个事物，解决重难点问题，就必须运用习近平新时代中国特色社会主义思想的世界观、方法论，和贯穿其中的立场观点方法深入实际，反复调查、深化研究，才能将事实的真相调查清楚。

第三，由于种种客观上的和主观上的原因，在调查中，有些人不讲真实情况，"知而不言"或"言而不尽"，甚至向调查者提供虚假信息。要解决这些困难，就必须深入群众，放下架子，直接向群众调查。所以，只有深入实际、深入群众，才能搞好调查工作。在调查中，一切脱离实际的、轻视群众的、自以为是的主观主义作风，都是同实事求是的科学态度相违背的，会将调查工作引向歧途。

在大革命时期和土地革命时期，毛泽东用大量时间深入工人、农民、红军战士中进行调查，《中国社会各阶级的分析》《湖南农民运动考察报告》《寻乌调查》《反对本本主义》等都是建立在深入调查研究基础上的光辉著作。在看望慰问困难群众、考察扶贫开发工作时，习近平总书记坚持看实情、看真贫，"是什么样就是什么样"，为我们做好调查研究树立了榜样。

党员干部在调查研究时，只有坚持实事求是的科学态度，才能将事情真相、难题积案、顽瘴痼疾研究透彻、找准根源和症结，形成解决问题、促进工作的思路办法和政策举措，使每个问题有务实管用的破解之策。

在实践中，有些党员干部采用"三个三分之一"的调查方法。

例如，有的领导干部在深入农村调查研究时，用三分之一的时间住在县城，全面了解情况；三分之一的时间住在乡里，深入调查研究；三分之一的时间住在农民家里，倾听群众的意见。这种"三个三分之一"的调查方法，是一种深入实际、深入群众、搞好调查的有效方法。

二、尊重客观，尊重事实

尊重客观就是正确对待客观事物，尊重事实就是如实反映客观实际，这一点非常重要。这是因为，搞调查研究的目的，是要对客观实际情况有一个正确认识，使我们的思想、意见和工作指导建立在可靠的事实基础上。所谓正确认识，是对客观事物的如实反映，客观事物的本来面貌是什么样，就说它是什么样，不夸大，不缩小，不作假，不隐瞒。只有这样，才可能搞清事实真相，弄清事情的来龙去脉，从中找到规律性的东西。

然而，社会中的事情是复杂的，要做到如实反映情况是不容易的，往往会遇到一些困难和各种干扰。例如，有的人报喜不报忧，有的地方、部门搞"花架子"，有的干部弄虚作假，等等。这些都会妨碍我们了解真实情况。因此，一定要坚持辩证唯物主义认识路线，以实事求是的科学态度，尊重客观实际，真实地反映客观事实，做一个无所畏惧的彻底的唯物主义者。

在调查中，如果调查者拿着事先就计划好的框框和定好的调子，到实际中"千方百计"地搜集材料，为想当然的结论找依据，就很可能歪曲事实，掩盖问题的本质。这种唯心主义先验论的方法，会给我们的事业造成严重后果，是万万不可取的。

三、全面调查，真实反映客观事物的本来面貌

全面调查，是正确反映事物的本来面貌的基础。列宁说："在社会现象领域，没有哪种方法比胡乱抽出一些个别事实和玩弄实例更普遍、更站不住脚的了。挑选任何例子是毫不费劲的，但这没有任何意义，或者有纯粹消极的意义，因为问题完全在于，每一个别情况都有其具体的历史环境。如果从事实的整体上、从它们的联系中去掌握事实，那么，事实不仅是'顽强的东西'，而且是绝对确凿的证据。如果不是从整体上、不是从联系中去掌握事实，如果事实是零碎的和随意挑出来的，那么它们就只能是一种儿戏，或者连儿戏也不如。"[1]

所以，我们在调查中，要力求客观、全面、深入，要广泛听取各方面的意见，努力掌握事实的整体情况以及事实的各种联系，全面正确地反映客观事物的本来面貌。

在调查过程中，要防止以下两种主观片面的调查方法。

一是以迎合领导的意图为目的的"调查"。例如：当某个领导说某个单位是先进典型时，调查者就可以无视客观事实，任意夸大好的一面，对于不好的一面则无限缩小，甚至忽略不提，凭空发明出许多"先进经验"或"先进事迹"；当某领导人说某地区有什么问题时，调查者就可以编造事实，抹杀一切成绩，妄加罪名。这些调查，不过是盗用实事求是之名，行主观主义之实。现在这种现象少多了，但是也还没有完全杜绝。

---

[1] 《列宁全集》第28卷，人民出版社，1990年版，第364页。

二是简单地肯定一切或否定一切的"调查"。在调查经验时,只注意经验的一方面,而忽视教训,以及在有了一定的经验之后还存在未解决问题的一方面,看不到成绩的另一方面,这也是不科学的。

这两种"调查方法"都是主观片面的,是同实事求是的科学态度相违背的,也是要坚决反对的。

调查研究工作是为了了解实际情况,为了正确认识客观事物,为了正确反映客观事物。在调查研究过程中,要树立实事求是的科学态度,深入实际、深入群众,真实地反映客观事物的本来面目,从事实的总和、事实的联系之中掌握事物,透过事物的现象探求事物的内部联系、本质,把握它的客观规律。

第二节 "解剖麻雀"式的典型调查

所谓典型，就是通常称为具有一定代表性的个别人和事。在工作中，为了解决某一方面的问题，从一定范围内选择一两个典型人物或事例进行仔细分析研究的调查研究，就是典型调查。毛泽东把这种方法形象地比喻为"解剖麻雀"。

典型调查是辩证唯物主义认识论通过个体了解总体，通过特殊认识一般，运用理论来指导实践在调查方法上的具体运用。它通常采用开调查会、个别发问、直接观察、蹲点工作等方式，来对事物的本质进行深入细致的定性分析。典型调查由于所选的单位少，采用的方式简便，所以可用较少的人力物力，在较短的时间内，对事物作较深入细致的研究。

典型调查要注意以下几个方面。

一、选择好典型是搞好典型调查的头等重要任务

典型调查是通过个体了解总体，通过个别来认识一般，所以选择的调查对象必须具有总体和一般的特征，即具有典型性和代表性。寻乌县是毛泽东《寻乌调查》选择的典型。毛泽东在《寻乌调查》

中指出："寻乌这个县，介在闽粤赣三省的交界，明了了这个县的情况，三省交界各县的情况大概相差不远。"① 寻乌这个县的地理位置决定了这个县的基本情况具有代表性，通过对寻乌县社会、经济、政治等方面情况的了解，可以了解其他交界各县的情况。

二、开好调查会是搞好典型调查的重中之重

调查会是典型调查的重要方式，也是了解情况的主要途径。

开好调查会对于搞好典型调查有非常重要的意义。毛泽东在《〈农村调查〉的序言和跋》中指出："开调查会，是最简单易行又最忠实可靠的方法，我用这个方法得了很大的益处，这是比较什么大学还要高明的学校。"② 这段话高度评价了调查会的重要作用。由于毛泽东的实践和倡导，开调查会成为我们党的领导深入实际、了解情况的一种重要方式。今天，我们党政部门的领导干部深入基层，了解情况，大多采用开调查会这种形式。

那么怎样开好调查会呢？毛泽东在《反对本本主义》一文中针对调查的技术作了全面论述。

（1）要开调查会作讨论式的调查

只有这样才能近于正确，才能抽出结论。那种不开调查会，不作讨论式的调查，只凭一个人讲他的经验的方法，是容易犯错误的。那种只随便问一下子，不提出中心问题在会议席上经过辩论的方法，是不能抽出近于正确的结论的。

---

① 《毛泽东文集》第1卷，人民出版社，1993年版，第119页。
② 《毛泽东选集》第3卷，人民出版社，1991年版，第190页。

（2）调查会到些什么人？

要是能深切明了社会经济情况的人。以年龄说，老年人最好，因为他们有丰富的经验，不但懂得现状，而且明白因果。有斗争经验的青年人也要，因为他们有进步的思想，有锐利的观察。以职业说，工人也要，农民也要，商人也要，知识分子也要，有时兵士也要，流氓也要。自然，调查某个问题时，和那个问题无关的人不必在座，如调查商业时，工农学各业不必在座。

（3）开调查会人多好还是人少好？

看调查人的指挥能力。那种善于指挥的，可以多到十几个人或者二十几个人。人多有人多的好处，就是在做统计时（如征询贫农占农民总数的百分之几），在做结论时（如征询土地分配平均分好还是差别分好），能得到比较正确的回答。自然人多也有人多的坏处，指挥能力欠缺的人会无法使会场得到安静。究竟人多人少，要依调查人的情况决定。但是至少需要三人，不然会囿于见闻，不符合真实情况。

（4）要定调查纲目

纲目要事先准备，调查人按照纲目发问，会众口说。不明了的，有疑义的，提起辩论。所谓"调查纲目"，要有大纲，还要有细目，如"商业"是个大纲，"布匹"、"粮食"、"杂货"、"药材"都是细目，布匹下再分"洋布"、"土布"、"绸缎"各项细目。

（5）要亲身出马

凡担负指导工作的人，从乡政府主席到全国中央政府主席，从大队长到总司令，从支部书记到总书记，一定都要亲身从事社会经济的实际调查，不能单靠书面报告，因为二者是两回事。

（6）要深入

初次从事调查工作的人，要作一两回深入的调查工作，就是要了解一处地方（例如一个农村、一个城市），或者一个问题（例如粮食问题，货币问题）的底里。深切地了解一处地方或者一个问题了，往后调查别处地方、别个问题，便容易找到门路了。

（7）要自己做记录

调查不但要自己当主席，适当地指挥调查会的到会人，而且要自己做记录，把调查的结果记下来。假手于人是不行的。①

根据毛泽东的论述，开好调查会有以下几点要求：

（一）要认真选择好参加调查会的人员

我们开调查会，是为了了解实际情况，因此，应当根据调查内容，挑选真正熟悉情况的人员参加。有时为了了解情况和听取各方面的意见，还要吸收与此有关的各方面人员和持有不同见解的人来参

---

① 《毛泽东选集》第1卷，人民出版社，1991年版，第116—118页。

加会议。应当注意既要向积极分子了解情况，又要向中间的和后进的人了解情况，这样才能更全面地了解客观事物的实际情况。

（二）开好调查会必须具有当"小学生"的态度

开调查会是向群众了解情况，是有求于群众的事。"因此，没有满腔的热忱，没有眼睛向下的决心，没有求知的渴望，没有放下臭架子、甘当小学生的精神，是一定不能做，也一定做不好的。"① 开调查会摆出一副自以为是、盛气凌人的臭架子，群众是不会掏出心里话来的，调研者也不可能真正了解到真实情况。

（三）要把调查会开成讨论会

要使调查会开成讨论会，一是要把调查的目的告诉大家，使大家知道你的来意是否对他们有利；二是开会时要有明确的调查提纲，使大家围绕着一个个问题发言；三是要从一般到具体抓住典型的人和事来研究问题；四是对每一件事都应当问清楚发生的时间、地点、原因等；五是针对不同的到会人员，采用不同的方式方法启发引导大家积极发言；六是注意掌控会场，尽可能使到会人员都有发言的机会，同时注意会场气氛，有松有弛，使大家都能毫无拘束地热烈地参与讨论。只有这样才能使参加调查会的人员充分发表意见，搜集到更丰富、更真实、更深刻的材料。

（四）主持会议的人要亲自做笔记

做笔记可以根据需要，确定详略取舍，不至于把应当记下的东西遗漏掉。在记录的过程中，我们还要根据自己的理解，边问、边

---

① 《毛泽东选集》第3卷，人民出版社，1991年版，第790页。

说、边思考，以发现新的东西，提出新的问题，及时弄清疑点，不断补充新的材料。

在调查会上，有些经验丰富或了解情况较多的人因限于时间未能畅所欲言，有些人因种种顾虑不敢当众讲出心里话，有些人不愿在会上发表与众不同的见解，有些事情调查者来不及细问而尚须进一步了解，因此，还有不少工作需要采取个别访问和个别谈话的方式来完成。同时，在开好调查会的基础上，对会上了解不到的一些情况，要到现场直接观察和查阅各种书面材料，使调查的内容更加准确、全面、细致。

也应看到典型调查有一定的局限性：

1.典型调查着重从质的方面考察个别或较少部分对象，作定性分析，而缺乏总体量的分析，且调查面小，靠典型来认识全部，结果的精确度不够高。

2.典型调查往往把事物从与外部的联系中抽离出来，容易出现孤立解决事物内部矛盾的现象。现代社会发展迅速，各种因素、各种现象相互渗透相互影响，仅靠典型调查而缺乏系统的调查分析，调查研究的结果也难免会有一定的局限性。

典型调查需要不断完善，不断发展，以便能更好地为我们的调查研究服务。

第三节　以数量调查为主的统计调查

统计调查是指在统计工作过程中有计划、有组织地向被调查单位搜集各种统计资料的工作。统计调查是运用统计学原理和方法对社会现象进行调查的一种调查方法。统计的首要特点在于它是用大量数据资料来综合说明事物的发展水平、发展速度、构成和比例关系。

统计的这一特征，表明统计调查是通过对大量实际数据资料进行综合调查，来研究事物的本质和规律。从研究事物本质的目的出发，经过对事物数量的调查研究，达到认识事物的目的。这个统计调查的认识过程，同样也是马克思主义认识论在调查方法中的具体运用。运用统计调查的方法来认识事物，就必须坚持马克思主义认识论的立场、观点和方法。

统计调查简单来说就是搜集统计资料的工作，这个工作有两种情况：一种是对原始资料的搜集，即对直接调查对象的情况进行登记或调查，如人口普查中，直接填表登记每一个人的情况；另一种是搜集已经经过加工的资料，如统计报表。

统计调查按照调查的组织形式不同，可分为统计报表制度和专门组织的调查。统计报表是国家统计系统和各个业务部门为了定期取得系统的、全面的基本统计资料而采用的一种调查方式。专门组织的调查主要指为了了解和研究某项情况或某个问题而专门组织的调查，包括普查、重点调查、抽样调查、典型调查等。调查报告中的统计调查主要采用后一种，下面简单介绍一下它的几种形式。

一、普查

普查是搜集全面的统计资料的一种方法，是对统计研究对象的全部单位进行的调查，如人口普查、工业普查。通过这样的普查可以摸清我国的国情和国力，特别是可以了解到我国的人力资源和物质资源的现状和利用情况。20世纪的普查需要花费大量的人力、物力，有时需要较长时间才能得出结果。如我国1982年人口普查，只是基层就有400多万普查员参加，全部结果需要3年的时间才能揭晓。当前，随着科学技术的发展，开展调查研究时充分运用互联网、大数据等现代信息技术，提高了普查的科学性和时效性。例如，2020年11月开展的第七次全国人口普查，到2021年5月11日就发布了普查结果。

二、重点调查

重点调查就是在所要调查的对象中，只选择一部分重点单位进行调查。重点单位是指其标志值（标志是统计总体中各单位所共同具有的特征，可分为用数量表示的"数量标志和表现不同属性的品质标志"。如由企业工人所构成的总体中，工人的年龄、工龄等是数量标志；工人的性别、文化程度等是品质标志）在所研究的标志总量中占很大比重的单位。通过掌握这部分重点单位标志总量，就可以从数量方面说明整个总体在该标志总量方面的基本情况。例如，想了解全国钢铁生产的基本情况，只要对若干重点钢铁企业的钢铁生产情况有所了解就可以达到目的。因为这些钢铁企业的生产量占全国整个钢铁企业产量的绝大部分。

三、抽样调查

抽样调查是随机（随机原则是概率论原理在统计调查中的运用）从总体中抽取一定数量的单位进行调查，根据对这一部分单位调查的结果，从数量上来推断总体的一种非全面调查。在人们的日常生活中，有许多社会现象若要进行全面调查是非常困难的，如居民收支、家庭婚姻、青年的生活方式等，对这些现象的调查需要采用抽样方法。例如，要调查一个城市居民的收支情况，就可以从全市居民中随机抽取500个或1000个居民进行调查，看他们的收入、支出、就业、购买力等情况，然后以此可以推断全市居民的收支情况。

抽样调查只调查总体中的一部分，它与普查相比较节省人力、费用和时间。抽样调查是用一部分单位的指标数值来推断总体指标的数值，而重点调查的结果不用来推断总体指标数值，这是它们两者的区别。抽样调查由于遵守随机原则，所以能使部分单位的指标数值具有充分的代表性。同时，也由于被调查的单位少，参加调查人员少，可以通过严格训练，提高效率、减少误差，保证质量。但抽样调查也有弱点。例如，它只能提供推断总体情况的统计资料，而难以提供各种详细的统计资料。因此，抽样调查和普查不能互相代替，两者之间是相辅相成的。

四、典型调查

这里讲的典型调查是指统计调查中的典型调查，从概念上讲，它同前面介绍的典型调查相同，但在研究的内容上不同。前者着重研究事物的质，而后者则着重研究事物的量。典型调查有两种：一种是从总体中选择个别典型单位进行调查研究，另一种是从总体中选择一部分典型单位进行调查研究。后一种典型调查比前一种更具有典型调查的特征，它所选出的单位不是个别单位而是一部分；它可以用一部分典型单位组成的总体指标推断整个总体的指标。从近年来的调查报告看，使用有关事物数量的材料，大多是采用后一种典型调查的方法，即不是选择个别单位，而是从总体中选择一部分单位，从数量上用部分说明或推断总体。

以上对统计调查的基本概念和几种常用的方法作了简单的介绍，目的是说明统计调查在调查中的作用和意义。统计调查是统计学中的一个重要内容，有很强的科学性和专业性，要掌握运用它，必须认真地学习统计专业知识，单凭上面讲的几点是远远不够的。

第四节　创造新的科学调查方法

我们要在继承传统调查方法的基础上，运用社会科学的先进成果，创造新的科学调查方法，才能适应发展得越来越快的社会现实。

一、要赋予传统典型调查方法以新的含义，扩大其功能

传统典型调查法是关于事物质的调查法，只注重事物内部质的调查，往往存在着把事物从它原来所处的各种联系中分割出来、就事论事孤立解决内部矛盾的问题。要使其适应社会发展的需要，就要扩大调查范围，由原来的注重内部矛盾调查向同时也注重外部矛盾调查转化，向内部矛盾和外部矛盾综合调查转化。

同时，由于传统的典型调查法缺乏全面的量的分析研究，调查面较小，靠"点"推测"面"，结果不够精确。这就需要将统计调查方法引进来，在数量调查的基础上，再进行典型选择，从而提高典型调查关于质的调查的精确程度。

二、充分发挥统计调查在调查中的作用

革命导师十分重视统计调查在工人阶级革命斗争中的作用。马克思曾向第一国际建议，对各国工人阶级状况进行统计调查，并亲

自制定了组织方案和调查大纲，说明怎样搜集、加工和使用材料。列宁在领导俄国无产阶级革命的斗争中，也十分重视和运用统计这个有力武器，提出了"社会经济统计是认识社会有力的武器之一"的著名论断，高度概括了社会统计的性质和作用。统计是社会主义建设的一项重要基础工作。我国要实现现代化，必须实现统计工作的现代化。改革开放以来，我国统计工作逐步恢复发展。2010年1月1日，经修订的《统计法》施行至今，为科学、有效地组织统计工作，保障统计资料的真实性、准确性、完整性和及时性，了解国情国力、服务经济社会发展，促进社会主义现代化建设事业发展发挥了重要作用。

随着统计工作的发展和加强，统计调查不仅初步形成了系统的理论，而且越来越被社会科学和自然科学各学科所运用。正确认识统计调查的重要性，充分发挥统计调查在调查工作中的作用，对于搞好调查研究、正确认识事物有着十分重要的作用。

三、在统计调查中，必须按照调查对象的特点和调查的客观条件，充分运用各种调查方法，获得各种调查资料

要想充分运用各种调查方法，获得各种调查资料，须善于在同一调查中将各种不同的调查方法结合起来运用，以提高调查的质量和速度。例如，把以数量调查为主的统计调查和"解剖麻雀"的典型调查表结合起来运用。

典型调查是获得关于典型事物材料的重要途径，而统计调查则是获得关于总体或部分事物各种数量材料的重要途径。要认识某类型事物，不仅要掌握关于它的细致的质的材料，而且还要掌握它的

大量的数量材料，做到质与量的辩证统一。在调查过程中，我们必须以认识事物的客观规律为目的，在数量调查的基础上，选择典型，对事物的本质进行深入细致的调查。

典型调查的方式有利于人们深入掌握个别事物的生动材料，这可以用来补充统计调查资料的不足，同时可以对统计报表中发现的问题作出较深入的说明。

因此，在调查的过程中，要把统计调查和典型调查科学地结合起来，把经调查得到的大量的数量材料和细致的本质材料有机地统一起来，这可以为我们从数量和本质两个方面认识、研究事物奠定基础。

第五节　调查访谈的技巧

调查访谈是调查者与调查对象进行直接交谈的一种最基本的方法，掌握好调查访谈的技巧对于获得真实、可信、详尽的客观情况有着十分重要的作用。

一、做好访谈前的准备工作

1. 要了解和掌握调查内容的相关知识。要根据调查提纲，了解与调查内容相关的知识，包括历史背景、发展现状、专业名词、风俗文化等具体内容，这可以使访谈顺利进行。深入交谈还可以激发被访问者的积极性。

2. 要了解和掌握访谈对象的相关情况。要对访谈对象的性别、年龄、职业、文化水平、经历、性格、爱好，特别是访谈时的思想情绪等情况做更多的了解，以便在交谈过程中取得主动。

3. 将访谈的内容、时间、地点、方式及时通知访谈对象。这样做的目的，主要是可以让访谈对象合理安排时间，提前考虑访谈内容和适应访谈方式。

二、把访谈会的头开好

1. 提前进入会场，由熟悉访谈对象的人引见。调查者要提前进入会场，熟悉环境，并请与访谈对象熟悉的人引见，从而增加被调查者对调查者的信任感。

2. 恰当称呼，友好接近。根据不同类型的人，对每个被调查者要有不同的称呼，以获得对方好感。同时，根据掌握的被调查者的个人情况，可以先谈谈他们熟悉的事情、关心的问题，以联络感情、建立信任。

3. 开门见山，直奔主题。调查者在作自我介绍后，要直接说明调查的目的、意义、内容，以取得被调查者的支持与合作。

三、循序渐进提出问题，真情倾听，做好记录

1. 循序渐进提出问题。在访谈过程中，为了消除拘束感，创造轻松的访谈氛围，要采用由简单到深入的谈话方式。首先谈谈访谈对象熟悉的问题，其次过渡到访谈内容的一般问题，最后谈深层次的、最为敏感的问题。

2. 不带有感情色彩地耐心倾听。要尊重访谈对象，不打断访谈对象的发言；要用肢体语言表现出极大耐心，不给访谈对象以任何暗示；鼓励对方把话说完，把真心话讲出来；要认真做笔记，必要时可以配备专门的记录员。

3. 引导和追问的技巧。当访谈遇到障碍不能顺利进行下去或偏离原定计划的时候，就应及时引导，排除干扰和障碍，使访谈过程得以按预定计划发展下去。追问是为了促使被访问者更真实、更具体、更准确、更完整地回答问题。追问要注意适时和适度，不能让

访谈对象感到不舒服。

4.结束访谈的技巧。访谈是有一定时间的,时间太长没有必要,同时也容易让访谈对象生厌;太短,调研者又不能获得足够的信息。所以,访谈要适可而止,主持者要在恰当的时机结束访谈。结束访谈时,要表示感谢并为下次访谈做好铺垫。

第七章

调查报告材料的搜集和整理

第一节　搜集真实的材料

所谓材料，就是作者为了某一写作目的，从生活中搜集、摄取的一系列事实或论据。所谓真实性，就是"对客观事物的如实反映，如实报道，做到完全符合事物的本来面目，不允许任何弄虚作假"。调查报告材料的真实性就是作者为写作调查报告，从生活中搜集、摄取的完全符合客观事物本来面目的一系列事实或论据。调查报告材料的真实性包含整体真实性和个体真实性两方面。

一、整体真实性是对调查报告材料的量的要求

整体真实性要求调查报告的材料不能只反映事物的片面的、偶然的现象，而必须能客观地全面地体现事物的本质。也就是要从事实的全部总和、从事实的联系中去把握事物，掌握制约事物整体和全面的东西，防止以点代面、以偏概全。

二、个体真实性是对调查报告材料的质的要求

个体真实性要求写作调查报告所搜集、运用的每个事实或论据都必须是真实的。具体来讲，就是构成客观事物要素的时间、地点、人物、行为、语言、事情经过都必须真实可靠，调查报告中引用的

数字、文字、史实等都必须准确无误。

三、个体真实性与整体真实性的统一，构成了调查报告材料质与量的统一

毛泽东在《实践论》中指出："只有感觉的材料十分丰富（不是零碎不全）和合于实际（不是错觉），才能根据这样的材料造出正确的概念和论理来。"[①] 这里"十分丰富"是要求从整体上掌握材料，"合于实际"是要求整体中的全部材料都必须是真实的，既是"十分丰富"的，又是"合于实际"的，既有量的要求，又有质的要求。

运用不符合客观实际的材料来分析研究事物，只能得出错误的结论，这一点毋庸置疑。但在现实生活中，人们往往只注意材料的个别真实性，忽视材料的整体真实性，从而导致从一个极端走向另一个极端，从一种片面性认识得到另一种片面性认识。

运用片面的偶然的材料来认识分析事物，同样也会产生错误的结论，给我们的工作带来危害。因此，只有从整体真实性和个体真实性上掌握材料，才能保证调查报告材料的全面性和权威性，才能保证调查报告正确反映客观事物。

---

① 《毛泽东选集》第1卷，人民出版社，1991年版，第290页。

第二节　全面系统地占有材料

任何事物就外部联系和内部结构来看都处在相互联系、相互制约、相互作用的关系网中，每一事物在这种关系网中的地位和作用构成了它的特定系统。以整体性为基础的系统是任何事物的存在方式，体现着事物的内在根据和外在表现的统一。要准确地把握事物本质的规定性，就必须全面系统地占有材料。调研者要从调研对象本身各部分、各侧面以及与周围事物的关系中充分搜集资料。

一是从事物内部矛盾的诸多方面搜集材料。例如，成绩与问题的材料相结合，先进、中间、落后的材料相结合，正面与反面材料相结合。

例如《"蓝天保卫战、社会行动力"——2018—2019年社会公众参与状况调查报告（简报）》。这篇调查报告显示，七成民众愿意以实际行动支持大气污染治理，社会公众参与大气污染治理的意愿倾向性较强，但当前实际行动力偏弱，公众对日常生活中污染风险的认识和意识不足，成为其参与行动的主要制约因素。比如民众对网络购物、叫外卖等新型生活方式的依赖度较高，但对其环境污染风险的认知相对较低。

还如《2020年度上海全民阅读调查报告》。这篇调查报告反映，上海市民综合阅读率达97.04%，高出第十七次全国国民阅读调查公布的成年国民综合阅读率15.94个百分点。其中，纸质阅读率达96.05%，数字阅读率为99.52%，数字阅读已成为最普及的阅读方式。同时，超半数市民日阅读时长大于半小时，数字阅读日阅读时长高于纸质阅读。

利用诸多方面的具体数据材料可以较客观地反映调查对象的本质，有利于我们正确认识事物。

二是从事物外部联系的诸多方面搜集材料。例如，某事物与其周围事物相互之间的关系是什么？与其周围事物相互作用的因素是什么？事物产生的外部原因是什么？

三是围绕与事物有关的内部和外部各个具体问题逐个地搜集有一定深度和广度的材料。

首先，从纵向联系的角度搜集历史材料和现实材料，搜集事物产生的背景材料和发展材料。此类调查报告较好地运用纵向发展的材料，使人们完整地认识事件的背景、具体过程和发展趋势，以及事件带来的新变化。例如，反映脱贫的调查报告《寻乌县扶贫脱贫工作调查报告》，文章较好地运用了纵向发展材料对寻乌脱贫的进展、主要做法、存在的主要问题做了深入的分析，并提出了有深度的思考。

其次，从横向对比的角度上搜集具体材料，搜集的材料在一定条件下、在一定范围内相互间具有可比性。例如，对植树造林方法的调查，要搜集一个林业单位不同个人、不同作业组的不同方法；要搜集不同林业单位、不同林业地区的不同方法；要搜集不同国家、不同气候条件、不同技术设备条件的不同方法；在此基础上进行综合比较，才能找出最优秀的方法。

最后，从材料的深度和广度来讲，既要搜集表现事物深度的具体材料，又要搜集反映事物广度的概括性材料。具体材料一般在调查报告里表现为详写和重点的部分，概括性材料一般表现为略写或反映全貌的部分。此类调查报告先摆具体材料，后展示概括性材料，具体材料和概括性材料相结合，能较为全面、深刻地反映新生事物的全貌及变化。

第三节　严格甄别材料

调查报告材料要求完全真实，对人物、事件、思想、语言、细节等都要求切实可靠。但是现实生活中，某些单位，某些时候，还不同程度地存在弄虚作假的现象。这就要求我们必须深入细致地搜集材料、分析材料，对调查得来的材料进行逐一审查核实。

调查材料从形式上可分为数字（如普通数字、百分比、指数）和文字两部分。前者是反映事物数量情况的，我们称之为数字性材料；后者是反映事物条件、过程、规律、因果、方法等情况的，我们称之为文字性材料。

文字性材料和数字性材料在文章中不是截然分开的，多数时候两者是融合在一起的，这样更能生动地说明事物或者问题。

例如，《提升"农"字　撑竿一跳》[1]中的两则不同材料。

数字性材料：

---

[1] 农业部农村社会事业发展中心新农村建设课题组：《提升"农"字　撑竿一跳》，《人民日报》2012年5月6日。

蒲江县的三个70%令人瞩目：农业、农产品加工业以及农业休闲旅游业为蒲江贡献了约70%的GDP，解决了70%的劳动力就业，贡献了70%的农民纯收入。现代农业的快速发展，带动了蒲江城乡居民收入差距缩小。2011年，蒲江县农民人均纯收入达8855元。2010年城乡居民收入比为1.86∶1，而2011年缩小为1.78∶1。

蒲江县加快建设现代农业产业基地，重点培育优质茶叶、水果、生猪三大支柱产业，做大优势农产品产能。探索龙头托管、合作发展、家庭适度规模经营等规模化经营模式，全县优质茶叶、柑橘、猕猴桃标准化种植面积分别达20万亩、23万亩、8.4万亩，年出栏优质生猪100万头以上，建成全国名优绿茶、高端猕猴桃和优质生猪产业基地。目前已培育国家级农业产业化重点龙头企业2家，省级龙头企业8家，农业公共品牌3个，成功申报获得了"蒲江雀舌""蒲江猕猴桃"和"蒲江杂柑"地理标志产品保护。被批准为茶叶、猕猴桃生产的"国家农业标准化示范区"和"国家出口质量安全示范区"，实现优势农产品标准化生产全覆盖。

文字性材料：

农业社会化服务体系不断完善，保障农民收入快速增长。蒲江县通过健全服务机构、搭建营销平台、创新金融服务等手段，完善了现代农业社会化服务体系。产业服务中心的设置促进三大产业布局优化，各类专业合作组织的创建，培养了大批产业致富带头人，带动农户面达90%，"院县合作"的开展促成了产业专家服务团的建立和政产学研推的科技服务模式的形成，金融服务的不断完善基本实现了农村金融服务网点全覆盖，市场物流体系也不断健全，建成了西部首个中央储备肉冷库、农产品物流市场、川西南茶叶交易市场等专业市场。社会化服务体系的逐步完善，保障了现代农业的快速发展。

在这里将材料分为数字性材料和文字性材料两种，主要是为了说明从不同方面掌握材料、使用材料，它同运用材料时两者的结合是不矛盾的。

一、关于数字性材料的审查核实

数字性材料按其来源可分为统计部门提供的材料和非统计部门提供的材料。统计部门提供的数字性材料，多数都有原始记录，且通过逐级审查汇总。

特别是近年来，随着国家统计法规的建立和统计人员素质的提高，正规统计部门提供的统计资料真实性和准确性不断提高，一般比非统计部门提供的资料要准确可靠些。例如，《求是》上发布的国家统计局的经济社会发展统计图表就具有权威性、准确性的特征。所以，我们在审查核实数字性材料时，首先要将非统计部门提供的材料交统计部门审查核实。

对统计部门提供的材料进行审查核实主要做好以下几方面的

工作。

第一，对数字性材料合格性的审核。要审核各种统计数据是否与调查要求的性质、时间、范围、计算方法相一致，以及各种相互比较的数字统计口径是否一致。

第二，对数字性材料准确性的审核。要审核各项统计数字和计算过程中有无差错，数字的度量单位是否正确，分项数字之和、总数与部分百分比、提高或降低的程度的计算方法是否正确。

第三，对数字性材料完整性的审核。要核实统计资料的项目是不是已按调查表格搜集齐全或填报清楚，是否需要修正或补充。

对于不是来自统计部门的数字性材料，非正规统计部门提供的资料，由统计部门提供，但与实际情况相差悬殊或群众反映强烈的资料等，要深入实际，逐一对照审查，确保获得真实可靠的数字性材料。

二、关于文字性材料的审查核实

文字性材料按其来源也可分为直接来源材料和非直接来源材料。直接来源材料是指某一事物直接实施者（人或团体代表）提供的材料，非直接来源材料是指非某一事物直接实施者提供的材料。直接来源材料比非直接来源材料要准确可靠些，在调查中应尽可能多地搜集直接来源材料，以增强调查材料的准确性、可靠性。但在调查中往往会搜集到大量的非直接来源材料，这就要求我们必须把非某一事物直接实施者提供的材料，向直接实施者核实，使非直接来源材料变为直接来源材料。

对文字性材料的核实，主要做好以下几个方面的工作。

第一，做好对文字性材料合格性的审核。要审核材料是不是按规定要求搜集的；所搜集的材料能不能说明问题；材料对研究问题是不是能够起到应有的作用；对于相互比较的材料，要审查其所涉及的事件是不是拥有相同的条件，或是有没有可比性。

第二，做好对文字性材料准确性的审核。首先要对调查来的材料进行"逻辑审核"，看相互之间、前后因果有无不合理和矛盾的地方。例如，前者说"某项产品质量创全国最好水平"，而后者则说"但同国内某厂的质量相比还有差距"，前后显然是矛盾的。其次，对审查出有问题的材料或者关键的材料，要向当事人再次进行核实，必要时要加以修正补充。

第三，做好对文字性材料完整性的审核。要检查调查提纲上所列的主要问题是不是都涉及了，每个问题每个方面所需要的材料是否搜集全了，每个材料的叙述是不是已经把问题讲透彻了，必要时也可以进行修正补充。

对于不能向某一事物直接实施者核实的材料和群众中意见较大的材料，要从上级与下级、领导与群众、正面与反面、本单位与外单位等多角度多层次反复地进行审核。特别要注意对先进典型材料从反面的角度来审核，多听取一些反面意见，确保材料真实可靠。

在实践过程中，整体材料的搜集和个别材料的审核是紧密结合在一起的。搜集中要有审核，审核中要有搜集，许多材料常常在搜集过程中就得到了审核。因此，材料的审核工作不能等到搜集结束之后再去做，而是从一开始就要注意审核。同时，在搜集和审核材料的过程中，我们可以把材料划分为若干个类型。例如，把材料划分为正面的或反面的，同时又可以划分为现实的、本单位的、具体的、文字性的、直接来源的材料等。材料的划分是为了我们便于搜集、审核、整理、分析、运用，切不可在实际工作中把它固定化、形式化，变成僵死的东西，从而影响调查研究工作。

第四节　调查材料的整理

整理材料，就是把调查研究中搜集到的材料分类归纳，进行初步加工，使之系统化、条理化，为研究材料打好基础。在加工整理的过程中，要对已经搜集到的材料进行分类和分析，做到有取有舍，保留切实有用的，舍弃缺乏参考价值的。

调查提纲是进行调查研究工作的整体计划，搜集材料是根据调查提纲进行的。在整理加工材料时，要把搜集到的材料按调查提纲归纳到各个具体问题上。但也要注意，对一些调查提纲中没有涉及、而在调查过程中搜集到的新情况、新问题，要单独列出一个或几个问题，使这些新材料得以归纳进去，不能因提纲的限制而漏掉这些材料。

加工材料时，要做到以下几个方面。

第一，要把材料按调查提纲或调查对象的各个方面等分类归纳，并将每个层次中材料的主要、次要地位区分开来。这就要求我们必须认真分析调查对象的各种现象、倾向、问题等，了解其涉及范围的大小、变化；并说明哪一种现象、倾向、问题是主要的，哪一种是次要的，哪一种是第三位、第四位的，以便对事物作出正确的评价。倘若罗列了十多种现象、倾向、问题，而不分主次深浅，结果是虽然材料丰富，但仍然不能较好说明问题。例如，要调查研究乡镇企业的问题，找来数十位基层干部谈话，搜集到了很多材料，如果平铺直叙地兼收并蓄，不加以分析区别，就不利于研究问题、解决问题。在这种情况下，应当按照各个企业的不同情况、不同特点，分为若干个类型，并把每一个类型的主要和次要特征都找出来，才能对这些乡镇企业的情况作出正确的分析和结论。

第二，要把材料按调查对象的各个方面，以及各个阶段表现形态的异同分类归纳，分析出异同及产生异同的原因。例如，分析关于总结某一项工作的调查材料时，即可抓住人、地、时、事等几个方面进行比较研究。首先，要比较分析不同的人工作时有哪些不同方法、经验和成效，以"人"为对象进行比较；其次，要比较不同单位、部门在工作时各有何种不同方法、经验和成效，以"地"为对象进行比较；再次，要比较不同时间、不同情况下各有哪些不同方法及经验，以"时间"为条件进行比较；最后，要比较与某几件不同的事有关时，各应采取哪些不同的方法，以"事物"为对象进行比较。通过对材料的分析比较，可以使材料系统完整起来，为分析研究材料提供更多的面，更好地从整体上把握事物。

第三，数字统计应该注意有统一的计算方法和口径，必要时应对某些数字进行核算和换算，以便使数字统计指标具有可比性。在调查过程中，为了说明某一事物的发展过程与状况，常常要把反映历史情况的指标和反映现实的指标进行比较。但由于条件所限和时

· 125 ·

空差，历史资料往往与现实资料不可比，这就需要对资料进行加工整理，使其在统计范围上、指标计算方法上、统计分组分类方法上标准一致，得出的结果具有可比性。

一是统计范围的可比性。由于各个历史时期国家管理体制和单位的隶属关系经常发生变化，在比较数据时，一定要注意原来反映某单位情况的数据现在有没有变化，是增加了或是减少了。要将这些增加或减少的指标数据，从总体指标中剔除出去，使之具有可比性。如果剔除有困难，一定要作出说明，只有这样才能正确反映情况。

二是指标计算方法的可比性。同一指标在不同时期的计算方法应该统一，得出的结果才有可比性。统计方法制度的变革和各单位在不同时期对计算方法理解的差别，都有可能造成同一指标在不同时期计算方法的差异。在使用历史资料时，就需要搞清当时指标计算方法。若与现在的指标计算方法有差别，就应运用现在的统计方法将它纠正过来。

三是统计分组分类方法的可比性。在不同历史阶段的统计资料中，统计的分组与分类方法各有不同，在采用这些指标时，必须作一定的调整。

在采用反映两个时期对比的动态指标时，要特别注意分析研究影响这些指标的主要因素。例如，分析某企业工业总产值的动态情况（工业总产值是综合反映企业在一定时间内所完成的生产总量）时，要考虑总产值的变化会受转移价值大小和生产起点的影响。为了统一指标的计算方法，国家根据具体情况制定了不同时期的不变价格和计算公式。所以，在比较两个不同时期的工业总产值时，一定要按不变价格的计算公式进行换算。

第四，对说明和表述事物的文字也要加工整理。在调查过程中，由于时间和条件所限，调查材料的文字往往很粗糙，为了给研究打一个好的基础，就需要加工整理。对事物的说明和表述应做到特征突出、条理分明、文字通畅，要尽可能做到材料之间布局紧凑，前后顺序编排恰当，对一些重点部分用"○"或"△"号标注出来，以引起研究时的重视。

第八章

调查报告材料的分析和研究

第八章 调查报告材料的分析和研究

第一节 研究材料的要求

马克思在《资本论》第二版跋中指出:"研究必须充分地占有材料,分析它的各种发展形式,探寻这些形式的内在联系。"联系和发展的观点是唯物辩证法的基本特征。唯物辩证法是我们认识客观世界的科学的思想方法。作为认识客观世界的一个阶段——对材料的研究,就必须运用联系的观点和发展的观点。

运用联系的观点和发展的观点去分析研究材料,要求我们做到以下几点。

一、从事物的一切方面、一切联系和"中介"中去分析研究材料

列宁在论证辩证思维必须遵守的原则时指出:"要真正地认识事物,就必须把握住、研究清楚它的一切方面、一切联系和'中介'。我们永远也不会完全做到这一点,但是,全面性这一要求可以使我们防止犯错误和防止僵化。"世界上一切事物都处在同其他事物的联系之中,整个世界就是一个万事万物相互联系的统一整体,孤立的事物是不存在的,也是不可能存在的。因此,对于任何事物都不能

用孤立的观点去研究，这是辩证法的一个根本要求，它可以防止对事物产生错误看法和僵化认识。

二、根据事物变化发展的运动过程去分析研究材料

任何事物都不是静止的、固定不变的，而是处在不断地"自我的运动"中。我们要实事求是地去考察事物，从事物变化发展的运动过程考察事物，只有这样才能把握事物的规律。

三、具体问题具体分析，把分析与综合结合起来

客观事物的各个部分、方面、特性、因素和阶段，在现实中是不可分割地联系在一起的。但要认识事物、把握事物，首先就必须把这些在实际上联系在一起的各个部分、方面、因素以及各个阶段分解开来加以考察分析；然后再在分解的基础上，把它们综合起来、联系起来，把事物作为一个整体来认识。

四、要善于把调查和研究结合起来

调查和研究是不可分割的统一的活动过程。研究离不开调查，调查又必须研究，二者是相辅相成的。如果只调查不研究，掌握的材料再多也说明不了问题；相反，认识客观事物，如果不通过周密调查，掌握大量的第一手材料，凭空推论、主观臆断，则得不出正确的结论。

在实际工作中，许多观点常常是在调查过程中，边调查边酝酿，逐渐形成的。因此，研究工作不能等到调查结束之后再去做，而是一开始就要注意研究。同时，研究工作开始以后，也常常有材料不完整、不全面的情况，或者又发现了新的问题，需要继续调查。因此，调查工作不是研究工作开始后就结束了，而是研究开始后，仍

然需要调查。调查中有研究，研究中又有调查。这就要求必须正确认识和处理调查与研究的辩证关系，把调查工作和研究工作有机地结合起来，从客观上整体把握事实，运用联系和发展的观点分析材料，运用具体情况具体分析的方法研究、探求事物的本质，揭示其客观规律。

第二节　全面地看问题，分清主流和支流

任何事物的发展过程，因其内在矛盾各个方面的相互作用，有主流方面和支流方面。我们在分析研究的过程中，既要坚持唯物辩证法的两点论，看到主流又看到支流，又要坚持重点论，着重研究主流的主导作用，同时不能忽视支流的次要作用，从而警惕和防止把一个方面推崇至绝对化。

改革开放之初，我们党创造性地提出了社会主义精神文明建设的战略任务，确定了"两手抓、两手都要硬"的战略方针。在社会发展的实践中，实施"两手抓、两手都要硬"会出现各种问题。这时我们要分清事物发展的主流和支流，在抓住主流的同时要解决支流问题。反映这类问题的经典性调查报告有王首道的《一手抓物质文明建设、一手抓精神文明建设——广东几个市县调查》[1]。

1982年春，王首道在广州、深圳、中山、新会等9个市县的工厂、农村进行了调查，同省、地、市、县的一些负责同志和农村干

---

[1]　王首道：《一手抓物质文明建设、一手抓精神文明建设——广东几个市县调查》，《红旗》1982年第11期。

部进行了座谈，走访了一些工人、农民家庭。在大量调查的基础上，他首先分析了广东物质文明和精神文明方面的主流，以及这两方面所取得的重大成就。

首先，经济建设稳步发展，主要标志是：（1）农业生产稳步发展；（2）工业生产取得了新的进展；（3）积极开展对外活动，加快了内地经济的发展；（4）市场繁荣活跃，城乡人民生活有所改善。其主要原因是广东省认真贯彻执行中央关于进一步调整国民经济的方针和中央关于广东在对外经济活动中实行特殊政策、灵活措施的决定，从广东的实际情况出发，对集中统一和搞活经济、退和进、调整和改革等一系列关系处理得好，从而促进了全省经济的稳步发展。

其次，精神文明建设已初见成效，其主要标志是：（1）在社会主义精神文明建设中狠抓党风问题；（2）开展"五讲四美"活动，保持良好的社会风气；（3）加强社会主义法治，整顿社会秩序，维护社会治安。

在列举上述成就方面的事实后，作者又分析广东省在物质文明和精神文明方面存在的问题：一是随着对外开放，资产阶级腐朽的意识形态和生活方式乘虚而入，少数意志薄弱的不坚定分子经不起考验而腐化变质，一部分不法分子乘机进行破坏社会主义建设的活动，对党风和社会风气造成一定的影响；二是在搞好经济的过程中，由于农副产品议价收购、农村财政信用支出和职工奖金支出，外来流动人员大幅度增加等原因，货币投放大，群众手中票子多，蔬菜、副食品和农村建筑材料等商品供应不足，加上市场管理不善，物价上涨，影响了人民群众的生活。

作者通过大量的事实，对广东省物质文明和精神文明中主流和支流这两方面进行分析，认为广东省经济发展速度很快，城乡政治形势越来越好，两个建设方面的本质方面、主流方面是好的，要坚定改革开放的信念，认真总结、不断前进；同时，精神文明建设中出现的不正之风和违法乱纪现象，以及搞活经济中的物价上涨问题，是次要方面、非本质方面、支流方面的问题。但这些问题处理不好，也会影响两个文明的建设。

所以，对存在的问题要有充分的认识，不可掉以轻心，并且要采取适当措施，逐步地加以解决。

实现民族复兴，既需要强大的物质力量，也需要强大的精神力量。习近平总书记在党的二十大报告中深刻阐述了中国式现代化五个方面的中国特色，其中一个重要方面就是"物质文明和精神文明相协调的现代化"。习近平总书记深刻指出："物质富足、精神富有是社会主义现代化的根本要求。物质贫困不是社会主义，精神贫乏也不是社会主义。"前进道路上，只有物质文明建设和精神文明建设都搞好，国家物质力量和精神力量都增强，全国各族人民物质生活和精神生活都改善，中国式现代化才能顺利推进。

在实际工作中，由于种种原因，一些同志往往不重视对事物主流和支流的分析研究，在对待一个新事物或者在看待新形势上，要么以主流遮盖支流，只强调主流，把主流推崇为绝对化，忽视支流的问题，把一个事物说成没有一点问题的东西，过高地估计形势，给工作带来被动；要么以支流代替主流，只看到问题，颠倒主次关系，甚至把次要的、非本质的方面推向绝对，完全否定一个新生事物，过低地估计形势，对工作失去信心。这种从一个极端走向另一个极端的主要原因，就是没有全面地看待问题，没有正确对待主流和支流，不重视把握矛盾不同方面的关系，片面地、绝对地看待事物和形势。所以，在分析材料时，一定要注意研究主流和支流两个方面，任何时候孤立地、片面地强调一个方面而忽视另一个方面，都会造成损失。

全面看问题，要分清主流与支流，但在把握事物发展的本质时要抓住主流，这样才有利于推动事物向前发展。在《党风、民风如何相互作用、相互影响——关于社会风气变革内在逻辑的调查报告》[①]中，调查组经过调查研究，把握住事物发展的主流，得出的结论显示了事物发展的趋势是好的，但也存在一些问题。例如，报告指出：

> 83.1%的受访者表示"没有好的党风，就不会有好的民风"。76.1%的受访者认为"越是改革的深化期，党风对民风的影响越大"。
>
> 66.4%的受访者认为，党的十八大以来，我国整体社会民风取得了明显改善。48.2%的受访者认为，通过党风的改善，进一步带动了"铺张浪费""人情消费""享乐主义""贪图虚荣"四类不良社会民风的好转。
>
> 哪些因素影响了党风的改善对民风改善的促进作用？

---

① 《党风、民风如何相互作用、相互影响——关于社会风气变革内在逻辑的调查报告》，《人民论坛》2016年4月20日。

从受访者赞同度的平均得分上看,"领导干部的示范不够"排在了第一位。

81.3%的受访者认同"改善民风,不能简单套用改善官风的思维和手段";69.9%的受访者认同"改善官风更多依靠自上而下,改善民风更多要自下而上"。

调查组在调查研究的基础上,还总结归纳了以优良党风促进社会道德风尚建设的十条主要意见建议。例如:民心是胜败的大前提,小节牵动着大问题;中央领导同志身体力行使八项规定更具感召力;找准突破口是取胜的关键;不战则已,战则必胜,持之以恒是胜利的时间保障;民风的形成是一种文化,要充分发挥社会民众的智慧与优势,党风建设的经验不能简单直接地移植到民风培育中去;要在党和政府的引导下,制定规范、严厉的乡规民约,普遍建立社会诚信档案制度;要把民风培育作为党和政府的一项重要工作来抓,增强责任意识;要大力借助榜样的力量发出好声音,扩大高风善举正能量的影响力;关注基层有益创新并进行推广;为民服好务,提升党风促民风的亲和力;等等。

第三节　透过现象看本质，从微观和宏观的角度分析问题

现象和本质是事物的两个不同方面。现象是指直接被我们的感官所能感知的事物的外部联系，是事物本质在各方面的外部表现。本质是指事物以及这一事物和其他事物之间的内部联系，是事物比较深刻、稳定的方面。本质不能直接被人们的感官所感知，必须靠理性思维才能把握。

在认识领域，人们总是通过对客观事物大量丰富的现象的认识，加以去粗取精、去伪存真、由此及彼、由表及里地分析综合，才把对现象的认识转化为对本质的认识，然后，又将对本质的认识转化为对现象的深刻理解。认识就在于透过现象掌握事物的本质，认清事物发展的趋势，从而正确地把握事物当前的性质，预见事物的未来，促进事物的发展。

任何事物都是现象与本质的统一，是复杂的存在。在分析问题时，不仅要从微观的角度分析问题的本身实质，而且还要从宏观的角度来分析问题的社会实质。

社会的发展总是会出现各种各样的问题。面对这些问题，调查者要有锐利的眼光，还要有宏观的思维，善于从全局的角度去发现问题、分析问题、解决问题。例如，1769年，英国人瓦特在原有蒸汽机的基础上，通过改进制造了发动机，并将其运用到轮船、火车、矿山、纺织等生产领域，使机器取代了手工，工厂代替了作坊。恩格斯在《英国工人阶级状况》中，通过大量的数据分析和对大量现实情况的研究，看到了隐藏在这一现象背后的东西，如伴随产业革命的过程产生了无产阶级，无产阶级是一个受残酷剥削的阶级，无产阶级只有联合起来才能取得斗争的胜利。恩格斯透过机器代替手工这个社会现象，看到了无产阶级产生、无产阶级受压迫、无产阶级要斗争、要摧毁旧制度等一系列实质问题，并从宏观的角度分析了资本主义发展的本质规律。

　　巡视是全面从严治党的重大举措和党内监督的战略性制度安排，在从严管党治党中发挥了标本兼治的战略性作用。《中央巡视工作规划（2018—2022年）》颁布对巡视工作提出了更高的要求。《人民日报》自2018年10月16日推出"来自巡视巡察一线的调查报告"系列报道，聚焦各地在巡视巡察工作中作出的新鲜探索。报道文章有《深化政治巡视 做好"政治体检"》《发现问题，扭住巡视工作生命线》《压实政治责任 督促整改到位》《让监督抵达"神经末梢"》《巡视巡察一盘棋，发现问题更精准》等。其中，《发现问题，扭住巡视工作生命线》中指出：

　　党的十八大以来，巡视作为全面从严治党的"利剑"，在"发现问题、形成震慑,推动改革、促进发展"方面发挥了重要作用。党的十九大报告进一步提出,坚持发现问题、形成震慑不动摇。发现问题,是巡视工作的生命线。实践中,省区市巡视工作坚持问题导向,着力充分发挥巡视"显微镜""探照灯"作用,让巡视利剑展露锋芒,威震四方。

只有透过现象看本质,从微观和宏观两个角度分析问题,才能把握住事物的本质,找到解决问题的措施。在宏观上,坚守政治巡视定位,把做到"两个坚决维护"作为根本政治任务,突出监督重点,着力从政治上查找、发现、解决问题;强化巡视整改,做好"后半篇文章",发挥标本兼治作用,不断完善巡视底稿制度,使政治巡视的针对性更强、巡视效果更好。文章《发现问题,扭住巡视工作生命线》指出,巡视全覆盖本身就是震慑,只有全覆盖,才能零容忍;哪儿有情况就去哪儿,让被巡视对象摸不着规律,震慑作用更大;巡视方式方法不断创新,发现问题精准度不断提升。在微观上,巡视组盯住细节,练就发现问题"火眼金睛":

除了掌握资料,实地探查也必不可少。福建省委第五巡视组副组长高国跃举例说,"我们查阅一个村的扶贫资金使用情况,发现水利工程有3期,每期资金都不少,一个小村庄工程量怎么这么大?现场一看,发现水利工程就修了100多米,且只建设过一次——工程量造假!"

"不放过任何蛛丝马迹""小事小节里往往有大文章"……这些大白话，正是多位巡视组长多年来从事巡视工作的心得，他们向记者讲述了一些细节：

——有单位在会议记录本上预留空白页，结果补写民主生活会记录时页码乱了；

——有单位以买茶叶名义买酒，结果内部接待的消费单上出现了茅台酒，而且一买就是11万元；有单位为了报账，把数额大的接待费分摊到数日，结果报账单显示，除夕和大年初一还在接待；

——有国企管理人员在谈话时明显对业务不熟，但总强调自己懂融资，经调查发现其原来是个诈骗犯；有国企对某公司投巨资占股80%，但却不控股，且该企业每天亏损百万元，经查有严重的利益输送、权钱交易问题；

……

第四节　定性研究和定量研究相结合，揭示事物的本质和规律

世界上任何事物都是质和量的统一体。所谓质，也就是事物的性质，是这一事物区别于其他事物的东西。量是指事物存在和发展的规模、程度、速度，以及构成事物的成分在空间上的排列等，可以用数量表示的规定性。事物的质和量是既对立又统一的，没有无质之量，也没有无量之质，量变是质变的必要准备，质变是量变的必然结果。因此，要正确认识事物，就必须提高对事物质和量的统一认识。调查报告要揭示社会现象的本质和规律，就必须在研究材料时把定性研究和定量研究结合起来。

与"解剖麻雀"为主的典型调查方式相适应的定性研究，是科学研究工作中一向所注重的。定性研究重在对社会现象的性质调查、对比、分析。通过某一案例的典型性、代表性来说明某一社会现象的变化发展过程和特点，这种方法的优点是通过典型考察一般，由点及面，作历史的纵深研究，便于较快地抓住事物的本质。但正如前面分析典型调查方式时指出的，这种研究方法也存在着许多局限

性，容易导致以偏概全。与普遍调查、抽样调查等统计调查方式相对应的定量研究，则是要求研究者从大量确切的基本数据出发，通过计算，分析各种社会现象之间数量变化的关系，从而得出一些规律性的东西。定量研究关注的是量，从量的分析来抓住质，但定量研究受客观条件的限制具有一定的局限性。因此，根据实际情况，把定性研究和定量研究有机结合起来，是调查研究工作中的新趋势。

党的十八大以来，以习近平同志为核心的党中央把消除贫困摆在治国理政更加突出的位置，举全党全社会之力集中脱贫攻坚，其力度之大、规模之广、成效之显著、影响之深远，前所未有、世所罕见，创造了人类减贫史上的中国奇迹。《铿锵的时代乐章——党的十八大以来习近平总书记考察调研过的贫困村脱贫调查》[1]文章作者特约调研组对河北阜平县骆驼湾村和顾家台村、甘肃渭源县元古堆村、湖南凤凰县菖蒲塘村、湖南花垣县十八洞村、河南兰考县张庄村、江西井冈山市神山村、安徽金寨县大湾村、宁夏泾源县杨岭村、宁夏永宁县原隆村、青海格尔木市长江源村、青海互助土族自治县班彦村、河北张北县德胜村、山西岢岚县赵家洼村和宋家沟村、四川昭觉县三河村和火普村、重庆石柱土家族自治县华溪村、江西于都县潭头村、内蒙古喀喇沁旗马鞍山村、河南光山县东岳村、云南腾冲市三家村中寨司莫拉佤族村、陕西柞水县金米村、宁夏吴忠市弘德村等 24 个贫困村进行调查研究，指出在总书记的亲切关怀和悉

---

[1] 特约调研组：《铿锵的时代乐章——党的十八大以来习近平总书记考察调研过的贫困村脱贫调查》，《求是》2020 年第 20 期。

心指导下，这些贫困村明确努力方向，鼓足发展劲头，干群齐心协力，实现了脱贫攻坚的历史跨越。

调查报告通过定量研究与分析得出 24 个村已实现了质的飞跃——甩掉了贫困的帽子。

> 截至目前，24 个贫困村中已有 23 个脱贫摘帽。同脱贫攻坚前相比，24 个村的贫困发生率从 36.1% 下降到 1.9%，其中 13 个村实现贫困人口全部脱贫，降幅最大的弘德村从 82.8% 降到 0.8%；建档立卡贫困人口人均纯收入从 3145 元增加到 9939 元，其中 12 个村增长 3 倍以上，增加最多的十八洞村由 1829 元增加到 12900 元、增长 6 倍多；村均年集体经济收入从 1.05 万元增加到 29.33 万元、增长 26 倍多。

脱贫后的生活是什么样子的呢？调查报告指出，走进一个个村子，会看到：

> 普遍有硬化畅通的道路、规划有序的街巷、整齐明亮的路灯、富有特色的民居；迈入一户户农家，到处是富有景致的院落、干净整洁的房间、配置齐全的家电、男女老少的笑语。

调查报告还指出，这些村子的发展势头强劲了。例如，村村都有一张规划图，家家都有一本致富经，人人都能算出一笔增收账，发展思路、发展局面、发展信心完全不可同日而语。乡村振兴的精气神提起来了。例如，随着政策扶持加大，增收门路拓宽，日子越过越好，村民们不仅笑声多了、歌声甜了、精神爽了，而且脑子活了、胆识壮了、心气足了。

  定量研究与定性研究的结合，再加上严谨的逻辑和恰当的表述，使我们看到了这 24 个村子实现脱贫攻坚的历史跨越的面貌。

第五节　运用比较的方法，分析研究事物发展变化的规律

没有比较就没有鉴别。在调查报告的写作过程中，运用比较的方法，来分析研究调查材料，认识事物变化发展的规律，是一种重要的方法。比较的方法一般有两种形式，即纵向比较和横向比较。所谓纵向比较就是将某一事物的历史材料和现实材料进行比较；所谓横向比较就是将有相同条件的两种或多种事物的材料进行比较。下面分别介绍这两种比较方法。

事物是不断发展的，经验是不断总结的。有新事物、新经验，就有旧事物、过时的经验。通过追踪事物发展的历史，能更好地突出事物的特点，认识事物的本质；能够总结历史经验，探索事物变化发展的线索、脉络和规律，有利于肯定正确的东西，否定错误的东西。

近年来关于脱贫攻坚成果的调查报告中多数采用了纵向比较的研究。如彭清华写的《凉山脱贫攻坚调查》。[1]

---

[1] 彭清华：《凉山脱贫攻坚调查》，《求是》2019年第16期。

历史上，许多彝族家庭都是人畜同屋，近年来通过扶贫，在每家院子里搭建了畜圈，牲畜搬出去了，但全家人仍同住一屋。我在吉什吉兹、吉什木日、乃来哈要家，了解到这几户都享受了低保、养老保险，乃来哈要还享受了残疾人补贴。孩子上学是免费的，看病能报销大部分费用，最大的问题是住房。目前，易地扶贫搬迁的新房子正在抓紧修建，2020年春节前就可以搬进去了，大家对美好生活充满了期待。

……

凉山州还有一个特殊社会问题是彝族群众自发搬迁。历史上彝族先民为了躲避战乱、应对灾荒、谋求生存，惯于游牧轮耕，有的居无定所。直到前些年，说走就走的自发搬迁仍在一些地方流行，这一方面暂时缓解了群众的生存困境，另一方面又造成人户分离，在迁居地没有户籍，不能加入当地村集体经济组织、享受相关政策照顾，而原户籍地也因其外迁不再过问，形成"两不管"局面。据统计，凉山州内跨县自发搬迁人口有15.08万人（搬迁至其他市州还有3.43万人）。为确保不让一个贫困家庭掉队，近年来，州委州政府加大了对这部分特殊群体的帮扶力度，对其中符合条件的6652户25424人纳入建档立卡贫困户，由迁出地与迁入地按照责任分工进行帮扶，部分实现了脱贫，尚未脱贫的还有4362户18090人，已落实帮扶责任和措施。

通过综合施策，力争用几年时间彻底解决这一历史遗留的"老大难"问题。

上面材料中，通过凉山贫困村前后情况的对比，突显了扶贫的成效，展现了老百姓的生活越来越好图景。

横向比较主要是将有共同点的两种或多种事物进行比较，揭示事物的客观规律。例如，《铿锵的时代乐章——党的十八大以来习近平总书记考察调研过的贫困村脱贫调查》中讲述神山村、班彦村、十八洞村的变化时，采用了横向比较的方法。

三是乡村振兴的精气神提起来了。脱贫攻坚是动力之源，也是希望之火。特别是总书记的关怀和嘱托，如春雨甘露，一直滋润着乡亲们的心田，激励着大家奋发进取。随着政策扶持加大，增收门路拓宽，日子越过越好，村民们不仅笑声多了、歌声甜了、精神爽了，而且脑子活了、胆识壮了、心气足了。神山村将村民们脱贫后开怀大笑的瞬间拍照定格，做成一面笑脸墙立在村头，为的是自励自强、加油鼓劲。班彦村土族群众的"花儿"将过去和现在对比唱道："山大沟深的沙沟山，不受得寒苦了，干部和群众呀齐上阵，平川里拔起了新村。心肝花腔子里放实了，栽哈个摇钱的树了。"佤族群众欢快地唱起了《三声鼓响》："一声鼓响春常在，风调雨顺新时代；二声鼓响百花开，国泰民安新时代；三声鼓响都是爱，四海升平新时代。"十八洞村拍了电影后，更是远近闻名，他们正瞄准建设"中国最美乡村"，努力打造精准扶贫、精准脱贫的"升级版"。现在到24个村，只要同乡亲们拉起家常，很多人就有说不完的话。从朴实的话语中，能真切感受到他们的感恩之心、喜悦之情，也能真切感受到他们对未来的美好憧憬和坚定信心。大家坚信，摘掉穷帽子不是终点而是新起点，脱贫只是第一步，更好的日子还在前方。

在比较中把纵向比较和横向比较结合起来，可以更深刻更有力地揭示事物的本质规律。例如，有的文章中，在纵向比较中有横向比较，在横向比较中有纵向比较。纵横比较的灵活运用，可以更有力地说明事物的本质、发展、联系等。

这一章介绍了研究材料的四种具体方法。但应该注意，在调查报告的写作过程中，往往是多种方法交替使用，这里分开讲，只是为了对每种方法作更深入细致的分析，以便达到掌握的目的。

第九章

调查报告观点和材料的统一

第一节　调查报告选择材料的基本要求

调查报告中对客观事物正确认识的核心观点，是通过对调查中获得的"十分丰富"和"合乎实际"的材料进行科学的研究分析以后得出的。但是，核心观点形成以后，又必须用材料说明观点，用观点来统率材料，形成观点和材料的辩证统一。写作调查报告时，围绕观点选择材料要符合以下几个基本要求。

一、要围绕观点选择事实性材料

调查报告要正确反映客观事物，最基本的要求就是材料要符合事实，任何带有偏见的主观性材料都会影响调查报告的科学价值。美国约翰·奈斯比特在他的《大趋势——改变我们生活的十个新方向》一书中，谈到如何选择材料时说：

> 我们所研究出来的方法也可以避免受有偏见的报道的影响，因为我们所感兴趣的只是事件或行为本身。
> 我们可以用体育消息作比喻，如果我从报纸上看到小芝加哥队以 7∶3 的比分打败了洛杉矶道奇队，我几乎可以

百分之百地相信事实的真相就是如此。如果我在报纸上登载的得分记录表上看到消息，运动员德森在五局中出场了两次，我会非常相信事实就是如此。但是，如果体育记者在他的文章的第四段中告诉我，运动员加尔维有六局里表现不佳，以致使整场的比赛输掉，我可以知道这是这位记者个人的看法，不一定是事实。我们所做的工作就是观察社会的得分记录表。例如：区域划分委员会以六票对三票通过改变一项规定；二十个人在市长办公室里开会，转移证件得到批准；某州的公民投票通过财产税减半；等等。

约翰·奈斯比特在选择材料的方法上，注意选择"事件或行为本身"的材料，对不一定是事实的个人看法则舍去，这同我们围绕观点选择反映事件本身情况的材料是相一致的。

在选择材料时，要尽可能多地选择反映事物本身面貌的事实性材料，尽可能少或不选择非事实或非行为本身的材料，以增强调查材料的真实性，使材料和观点做到辩证统一。例如，可以用准确的数字性材料来说明观点。

二、要围绕观点选择典型材料，选择能够深刻揭示事物本质、具有广泛代表性和强大说服力的材料

正确观点是对事物本质的正确认识，要使材料印证观点就必须选择关于事物的典型材料。

例如，李炎溪写的《对脱贫攻坚的感悟与思考》①中指出"精准方略确保了措施到人，真正解决了棘手问题"时，强调了建档立卡这个措施的重要作用。这里的建档立卡是精准扶贫方略中一个具有典型性的措施，它实现了扶贫时要帮到点上扶到根上，保证了脱贫攻坚质量和各阶段目标如期实现。

2013年11月上旬，习近平总书记在视察深度贫困地区湖南省湘西土家族苗族自治州十八洞村时提出精准扶贫方略，从此，整个扶贫工作由粗放到精细、由概念到具体、由数据到真实。按照"两不愁、三保障"标准建档立卡，把一个个贫困县、一个个贫困村、一个个贫困户精准地找出来，然后根据各自主要困难及形成原因，有针对性地逐县、逐村、逐户进行扶贫。几年来，贫困地区乡村发生了天翻地覆的变化。调研看到，道路畅通了，房子翻新了，村子干净了，饮水安全了，网络连上了，城里该有的，村里都有了。脱贫攻坚能在短时间内取得如此超预期效果，与精准扶贫方略密不可分。基层同志感慨说，它使整个工作一下子落了地、找到人，使投入真正解决了贫困人口的问题。如果没有精准扶贫，贫困群众最多只能沾点基础设施的光，要达到现在程度至少还要30年。

回看这一方略，核心是认真、细致、准确。全国组织

---

① 李炎溪：《对脱贫攻坚的感悟与思考》，《人民日报》2019年4月12日。

几百万人参与建档立卡，多次组织检查验收，近 1 亿贫困人口记录在册，不脱贫不销号，返贫了再进档。每个省、市、县任务清晰明确，在确定的贫困人口中，一个个人的问题解决，一项项任务完成，才过得了检查验收关。同时，全国选派了 280 多万驻村干部、第一书记到乡村，深度贫困地区县一般增加 3—5 名领导，村里一般安排 7—10 人的驻村工作队，从工作队伍上确保脱贫任务落实。

三、要围绕观点选择新颖而生动的材料

新颖而生动的材料是指那些新近发生的或尚不为人们熟知的事实性材料。这样的材料往往有较强的现实与启发意义。新颖生动的材料离不开新鲜。新鲜的事情、新鲜的方法、新鲜的语言，能反映时代发展的新潮流，给人耳目一新的感觉，激发读者的阅读兴趣。毛泽东在调查报告中总是采用调查中得到的最新鲜的材料。如在《才溪乡调查》中，毛泽东阐述才溪乡选举成功时，就是采用了两个非常新鲜的材料。

三、候选名单，下才溪一百六十多人（内应选九十一人），一村贴一张，每张均写一百六十多个名字。群众在各人名下注意见的很多，注两个字的，五六个字的，十多个字的，儿童们也在注。注"好"、"不好"等字的多，注"同意"或"消极"的也有。有一人名下注着"官僚"二字。受墙报批评的有二十多人，被批评的都是只知找自己生活、

不顾群众利益、工作表现消极的。有诗歌。内有三张批评乡苏对纸业问题解决得不好。

老百姓利用自己手中的选票，选举领导与管理自己的乡苏委员，这是农民政治解放的重要标志，这是一件新鲜的事。

老百姓对候选名单进行评议，并在他们的名字下面注意见，相当于公开评议，这种选举中的公开评议，在今天看来也是新鲜事。

老百姓评议，不仅大人在注，而且儿童也在注，参议的广泛度让人感觉到新鲜。

老百姓评议，不仅写"好"与"不好"，而且敢写出"同意""消极""官僚"，甚至用诗歌的形式，也非常新颖。

　　七、为着选举开的会很多：工会、贫农团、妇女会、互济会与反帝同盟合开会员大会，儿童团、少队都开了会，党团员会先开。有标语，有小册子。所以今年的选举宣传，比去年普及得多，大多数人都了解选举的意义。

　　去年，十六岁以下的吵选举权，以为他们当红军的不少，工作也做得多，为什么没有选举权？今年，他们了解是年龄的理由，不吵了。

　　宣传队到各村宣传，白天讲演，夜间演戏。

才溪乡在选举工作中的宣传组织更有特色：
1. 各类组织先后都开会。

2. 有标语，有小册子。

3. 宣传中白天演讲，夜间演戏。

4. 宣传教育普及，老百姓了解选举意义。

最后，16 岁以下的儿童去年要选举权，今年了解是年龄原因，想通了。这个例子非常新鲜，儿童都了解选举的规定、意义，那么有选举权大人就更不用讲了。

通过这些新鲜的材料，毛泽东最后得出结论说："上下才溪乡的选举是一般成功了的……成为苏区选举运动的模范。"

新颖的材料除了新鲜，还要有与众不同的特点。作者在使用各种新颖材料时还要善于归纳总结，提出有创意性的说法、观点、思想等。因为创意性的说法、观点、思想等可以更好地统领材料，并有利于在实际工作中交流。

又如，福建晋江，全国闻名的民营经济"热土"——民营经济占全市国民经济、税收总额比重分别为 95% 和 93%，非公企业有 1.7 万家，从业人员超过 100 万。这里，同样还是一片非公党建的"热土"——福建省非公企业的党建标准源于这里、非公企业的党建研究也可申报科研项目、全国首创非公企业党务工作者职称评聘办法及非公党建党务人才订单式培养模式……由此，全市规模以上企业全部单独建立党组织，党员达到 6200 多名。记者赵鹏深入晋江调研并写出了《党建"抱团"促"抱团"发展——福建晋江"'二带十'区域化党建工作模式"调查报告》[①]。文章中采用新颖生动的材料说

[①] 赵鹏：《党建"抱团"促"抱团"发展——福建晋江"'二带十'区域化党建工作模式"调查报告》，《人民日报》2014 年 6 月 24 日。

明了"党建是座'桥',连通'经脉'一条条"。

"造桥"的是市委组织部。2012年,一个名为"'二带十'区域化党建工作模式",在晋江全面启动。

在这一模式下,全市被划分为10个片区,每个片区中以2家大型且党建工作先进的企业为核心,辐射带动周边10家中小企业。由组织部门从市直机关精选一批党建专职干部,再辅之以所在镇(街道)和企业中专职党务人员,组成党务团队,凝聚为一个党建共同体。"这就将过去的'单打独斗'变成'抱团发展',让党建从'企业小圈子'走向'社会大圈子',从单一为企业自身发展服务变成了为社会全面发展服务。"晋江市委书记陈荣法表示。

身处同一片区的优兰发和宏展,就这样聚到了一起。尽管是民企,但早在1998年优兰发公司便建立了党组织,如今已升格为党委。其何以如此重视党建呢?原因很简单——有用,且无法替代。

啥作用?用老甘的话说就是:企业需要什么,我们做什么;员工需要什么,我们做什么;社会需要什么,我们做什么。企业要创新,优兰发的科技攻关团队80%是党员,2009年成功研发的"12克/平方米超薄纸"填补国内空白,为企业增利2亿元;职工要安心,党委先后在企业建立"四点钟学校""纠纷调解室"与福建师大合办国家承认本、专科学历的企业大学,且学费全免;社会要和谐,企业与当地派出所及周边企业签订平安共建单位、主动要求吸纳刑满释放人员就业……

"三要三做",让企业对党委的作用刮目相看。反过来,企业也对党建工作的投入不遗余力——8层专门的党务工作大楼,职工业余活动中心也在其中,组织活动经费全额保障……由此,优兰发也成为晋江"零薪资拖欠、零越级纠纷、零职工子女无就学"的"三零"民企之一。

有了这样一座"桥",老甘主动带领科研团队三入宏展公司,彻底攻克了他们粉尘排放污染的难题,还手把手教会了唐永如何向市科信局申报技改项目基金。去年底,宏展公司首次领到了政府10万元技改补贴。

新颖生动的材料有力展现了福建晋江"二带十"区域化党建工作模式的积极作用,也给其他地方构建党建工作模式以一定的启发,这很好地发挥了这篇调查报告的社会作用。

一篇调查报告写得好坏,观点能否站得住脚,选择材料十分重要。所以,我们在选择材料时,一定要抓住事实性、典型性、新颖生动性这三个关键,使材料更好地体现观点。

第二节　观点和材料的统一，要符合事物的客观规律

调查报告的观点是在调查材料的基础上产生的，调查材料是为印证其观点服务的。调查报告的观点和材料都必须符合客观事物的本来面目。观点和材料的辩证统一是事物客观规律的正确反映。把观点和材料统一起来，在写作过程中，一般有两种方法：先摆出观点，然后再用材料加以说明、叙述；先摆材料，再从材料中引出结论，也就是人们常说的说理（观点）论事（材料）和论事（材料）说理（观点）的方法。

有的文章在概述调查情况后直接提出自己的观点，并用大量数据材料来说明、印证观点的正确性。调研者可以通过调查来印证观点，也可以在调查中产生新的认识。观点和材料辩证统一，认识和实践辩证统一，调查报告才具有客观性。

在先摆材料、再从材料中引出结论时，往往先概括性地提出问题，然后引用一系列典型材料回答问题，并在这个基础上进行分析，说明作者对所用材料的认识，最后得出结论，上升到理性的认识。

例如《发展好干群关系：从群众中来，到群众中去——云南省"四群教育"调查》，文章从云南省普洱市孟连县曾因发生损害胶农利益问题、引发海内外关注的群体事件入手，先后从一名普通百姓的心声看干群关系变化；从一张民情联系卡看干群关系如何落在实处；从一个穷困乡的巨变看发展干群关系的效果。三个方面的大量事实叙述了云南省开展群众观点、群众路线、群众利益、群众工作"四群教育"活动情况，然后从理论与实践的角度论述了做好群众工作的四点认识：

1. 党密切联系群众的法宝不能丢，新形势下尤其需要加强。

2. 缺乏群众利益的保障，任何形式的群众工作都是空谈。

3. 不改革完善干部选拔任用机制，就无法做好群众工作。

4. 贯彻发展好党的群众路线是推进中国特色社会主义民主建设的关键。

这篇调查报告在反映"四群教育"活动的内容与形式的基础上，上升到党的群众路线的高度来分析研究，从而形成材料产生观点，观点统率材料，使文章论事（材料）说理（结论），有理有据。

第三节　观点和材料的统一，
　　　　要符合形式逻辑思维

形式逻辑是研究思维形式的结构、思维的基本规律以及一些认识客观现实的方法的科学。在调查报告中，准确地使用概念，恰当地运用判断，符合逻辑地用事实（材料）进行推理（观点），才能使结构缜密，合于事理，达到观点和材料的统一。

第一，运用演绎推理把握观点和材料的统一性。演绎推理是从普遍性结论推导出个别性结论，它同人们在认识事物过程中，由一般到特殊的思维方法相一致。例如，《长冈乡调查》和《才溪乡调查》两篇调查报告中采用了演绎推理的方法。

普遍性结论："只有拿经济上的动员配合着政治上的动员，才能造成扩大红军的热潮，达到如像长冈乡、才溪乡一样的成绩。"

个别结论1：长冈乡通过扩大红军委员会，以及宣传队，广泛进行政治动员；通过模范耕田队、劳动互助社、犁牛合作社、消费合作社进行突击活动，革命竞赛，推动了经济发展，改善了人民生活，军属的优抚，全乡407名青壮年中，外出参加红军和其他革命工作的 320 人占 70%。

个别结论 2：才溪乡通过拥护红军委员会、优待红军家居委员会、妇女代表会广泛进行政治动员；通过劳动合作社、消费合作社、粮食合作社，组织群众开荒种田，大力发展生产，提高人民生活，充分地优待红军家属，全乡 1319 名青年中，外出参加红军和其他革命工作的 1028 人，也占到 70%。

毛泽东在《才溪乡调查》"扩大红军"中总结：

大数量地动员群众去当红军，依靠于：（一）政治上的充分的宣传鼓动，废弃一切强迫办法；（二）充分地优待红军家属；（三）健全的编制与训练地方武装。而优待红军家属，是使群众欢喜去并且安心留在红军部队的一个根本工作，长冈乡、才溪乡的经验，给我们完全证明了。

观点和材料的统一符合形式逻辑的演绎推理，有利于反映事物发展的客观规律，可以增强文章的说服力。

第二，运用归纳推理把握观点和材料的统一性。归纳推理是从一般性较小的前提推出一般性较大的结论，它同人们在认识事物过程中由特殊到一般的思维方法相一致。毛泽东常采用这种方法得出调查研究的结论。

在《兴国调查》中，毛泽东对 4 个乡的 32 家富农的革命态度一一作了调查，在文章中作了具体介绍，并且概括了每个乡的情况。

材料一：第一乡12家富农中，7家是积极反革命，5家富农面上参加革命，却有2家是图谋反动的AB团，剩下3家，1家也被捉了。

材料二：第二乡9家富农，7家反革命，只有2家是革命。

材料三：第三乡9家富农，6家反革命，只有3家尚未反革。

材料四：第四乡2家富农，均是反革命。

毛泽东在最后归纳：4乡共计32家富农，24家反革命，余8家现虽尚未反革命，也不知将来怎么样。

又如《推动井冈山高质量发展的调查思考》。为贯彻落实习近平总书记视察江西重要讲话精神，江西省委提出井冈山要在巩固提升脱贫攻坚成效上下功夫，为革命老区高质量发展探索经验、作出示范。井冈山是作者刘奇到江西工作后一直联系的脱贫攻坚点。这次深入井冈山蹲点调研，主要是进一步了解脱贫摘帽后群众生产生活情况，查找阻碍巩固提升脱贫成效、制约高质量发展的主要因素和深层次原因，研究解决问题的思路办法，推动井冈山走出一条革命老区高质量发展的新路子。刘奇调研后撰写的《推动井冈山高质量发展的调查思考》[①]中，采用了归纳推理的方法。例如，作者先给出调研的材料：

井冈山现有规模以上企业31家，其中高新技术企业7家，设置了自主研发机构的企业仅2家，省级工程技术研

---

① 刘奇：《推动井冈山高质量发展的调查思考》，《求是》2019年第20期。

究中心1家，省级众创空间1家。

然后根据上述材料归纳出结论：

创新平台匮乏，导致创新资源集聚乏力，创新创业活力不足。

演绎推理和归纳推理是两种基本的逻辑推理形式。运用演绎推理的方法，就是运用经过实践检验的马克思主义的科学理论来考察社会生活中的各种情况。运用归纳推理的方法，就是经过对大量现实情况进行科学的研究和分析，概括出新的科学结论。

在我国改革开放的洪流中，广大群众的积极性高、创造性强，新事物、新观念不断出现，物质财富和精神财富不断丰富。如果我们一味"唯书"和"唯上"，一切结论都必须以经典作为依据，势必影响我们认识正在发展变化的客观事物。进入新时代，我国发展面临新的战略机遇、新的战略任务、新的战略阶段、新的战略要求、新的战略环境。这要求我们要坚持以习近平新时代中国特色社会主义思想为指导，在大兴调查研究中，将演绎和归纳的逻辑推理方式结合起来，以各种新情况、新问题的调查材料来印证观点，再通过研究分析材料得出结论，不断深化对党的创新理论的认识和把握，不断推动研究新情况、解决新问题、总结新经验、探索新规律。

第十章

调查报告叙述和议论的统一

第十章　调查报告叙述和议论的统一

第一节　叙述的特点

叙述是写作中最基本、最常见的一种表达方式。作者通过一般性的陈述，来介绍和交代人物、事件、环境及事件发展变化的过程。调查报告主要是通过叙述来反映调查研究的情况和事实，叙述是调查报告的主要表达方法之一。

调查报告的叙述方法有以下几个特点。

一、叙述的准确性是调查报告叙述方法最基本的特征之一

调查报告是正确反映客观事物的一种书面报告，真实性是调查报告的生命。调查报告的真实性要求叙述内容必须准确。叙述准确性包括两方面：一方面是要求用词贴切、词意明确、符合语法逻辑、避免文字差错；另一方面是要求叙述符合事物的本来面目，不夸大、不缩小，表述精确可信。

例如，西藏草原地处高原，气候严酷，生态环境脆弱，草原承载能力很低，牧区扶贫一直是扶贫开发的难点。《调草保畜助高原牧民脱贫》[1]的作者王建通过调查研究指出：

---

[1] 王建：《调草保畜助高原牧民脱贫》，《人民日报》2015年11月1日。

平均载畜量约为30亩一个绵羊单位，全区10多亿亩可利用草原理论上只能养3000多万绵羊单位的牲畜，而实有的牲畜已经超过约24%。这样一个巨大的营养物质缺口，造成了普遍的动物营养不良。中国农大牛肉研究中心曾在拉萨市墨竹工卡县扎西岗乡斯布村进行调查，结果显示牦牛一年内的体重变化幅度很大，平均日增重仅86.8克。而且畜群中大龄牲畜多、公畜多、幼畜成畜死亡多，牧业生产效率十分低下。西藏基本没有刈草场，牧民储草很少，一遇灾害，就会遭受巨大挫折，甚至破产。但是近年来，由于畜产品连年涨价、采挖虫草弥补收入缺口、国家生态奖励补偿等转移性收入，以及牧区未发生重大自然灾害等原因，在一定程度上掩盖了牧区的贫困问题。但生活十分简单、生计十分脆弱、增收十分困难仍然是牧区贫困的突出特点。

上面这段叙述文字，以数据为支撑，运用恰当的词语，如"普遍的""巨大挫折，甚至破产""十分低下""突出特点"等表达了牧区扶贫开发的难处，说明了在西藏草原调草扶贫的必要性。

二、叙述的直接性是调查报告叙述的另一特征

调查报告主要是向群众或领导报告调查研究的事实，如介绍新生事物、揭露社会问题、推广先进经验、反映各种情况。所以它要求作者用直接叙述的方法，直截了当地叙述问题或讲清事情的来龙去脉、因果关系等，一般不采用倒叙、插叙、设置悬念、节奏跳跃

第十章　调查报告叙述和议论的统一

等表现手法。叙述的直接性在调查报告中一般表现为两种形式：一种是按事物发展的时间顺序来叙述事物的发展过程；另一种是围绕观点叙述事实材料。前者称为顺序叙述法，后者称为定向叙述法。

在《长冈乡调查》中介绍"代表会议"的内容就是采用顺序叙述法。整个内容是按宣布开会—主席报告—讨论选民提案—研究其他事项—宣布散会的流程一一介绍的。又如，在这篇调查报告中，关于公债的推销也是采用这种方法。其顺序为成立公债发行委员会—到县认购5456元公债—召集各村代表进行分销—召开村民大会动员宣传认购—没有销完，继续发动宣传—再开村民大会加销—没有销完继续宣传—再开村民大会加销—没有销完再做宣传—再开村民大会销完。从开始到结束，总共15天，比别的乡多销五六倍，时间少五六成。

对于推销公债工作，毛泽东指出：

> 长冈乡工作的特点，在于能用全力去动员群众，用极大的耐心去说服群众，结果能完全实现他们的任务，并且争取了最快的速度，推销公债不过一例。长冈乡五千余元公债的推销，全是在会场认购，全不按家去销，全是宣传鼓动，全不强迫摊派，经过四次个别宣传，四次全村大会，从开始至销完共只有十五天。别乡则有销数比长冈乡少至五倍六倍、反而在强迫摊派、销了两三个月还不能结束者，拿了同长冈乡对照，真是一个天上，一个地下！

采用顺序叙述法，可使整个事件流程清晰，过程完整，内容具体、生动，令人印象深刻，有利于读者更清晰地理解作者得出的结论。

三、定向叙述法是用材料印证观点时采用的一种叙述方法

定向叙述法要求叙述的事例要与作者的观点口径相一致，观点和材料中的词语要相呼应，如下面这个段落：

千斤重担众人挑，把扶贫脱贫责任落到每个干部肩上。寻乌县把脱贫攻坚确立为"书记工程"，建立了县、乡、村三级党组织书记负总责的精准扶贫责任落实机制。同时，通过落实"2+10864"（即每位现职县级领导包2个贫困村，每个贫困村至少有1个县直、驻县单位帮扶，每位县级领导、正科级、副科级和一般干部分别结对10户、8户、6户、4户贫困户）工作机制，向贫困村选派第一书记和驻村工作队，实现了"县级领导包村、单位对口帮村、干部结对帮扶"三个全覆盖，让全县各级干部人人肩上有责任、个个身上有任务，确保每个贫困村都有驻村工作队、每户贫困户都有干部帮扶，较好地解决了"谁帮扶"的问题。特别是在选好第一书记、充分发挥第一书记作用方面，开展了有益探索，出台了《村党支部第一书记脱贫攻坚工作考核办法》，向65个贫困村派驻了第一书记，除9名为市级以上单位派驻干部外，其余均在县科级后备干部中择优选派，在精准扶贫工作一线锤炼、识别和使用干部。

上面这段文字摘自《寻乌县扶贫脱贫工作调查报告》，文中第一句提出了观点"千斤重担众人挑，把扶贫脱贫责任落到每个干部肩上"，后面的材料对这个观点作了印证性说明，表述清晰，逻辑严谨。

四、概述和细叙相结合也是调查报告叙述的一个特征

要把一个事件特别是重大而复杂的事件反映得详细而全面，不仅要对全局或全过程作概括性的叙述，而且也要对局部或片段作细致的叙述。在撰写调查报告时，概括和细叙是常常结合着使用的，为的是使读者对客观事物既有全面的认识，又有具体细致的感受。作者对事件的全过程或全局越是了解得全面、深刻，就越能概括精当地说明它的全貌；对每个部分越是体察得深入细致，就越能写得生动、具体。

毛泽东在《湖南农民运动考察报告》中，对湖南农民运动的形势是这样写的：

> 农民的主要攻击目标是土豪劣绅，不法地主，旁及各种宗法的思想和制度，城里的贪官污吏，乡村的恶劣习惯。这个攻击的形势，简直是急风暴雨，顺之者存，违之者灭。其结果，把几千年封建地主的特权，打得个落花流水。地主的体面威风，扫地以尽。……农会在乡村简直独裁一切，真是"说得出，做得到"。外界的人只能说农会好，不能说农会坏。土豪劣绅，不法地主，则完全被剥夺了发言权，没有人敢说半个不字。在农会威力之下，土豪劣绅们头等的跑到上海，二等的跑到汉口，三等的跑到长沙，四等的

跑到县城，五等以下土豪劣绅崽子则在乡里向农会投降。

毛泽东运用高度概括的叙述手法，不仅将农民的革命目标、形势、性质、结果叙述得清清楚楚，而且也一一交代了各类地主的动向，使读者对湖南农民运动的概况有了一个全面的认识。

第二节　议论的特点

所谓议论就是作者对客观事物进行评论，以表明自己的观点和态度。调查报告以叙述为主，在此基础上围绕事实进行夹叙夹议，从大量事实中引出结论和观点，以表明作者自己的立场与态度。

调查报告主要是在结论或观点之中进行议论，这种议论的表现手法主要有以下几个特点。

一、议论要符合客观事实

调查报告不仅要写出事实，还要在事实的基础上分析、评论，归纳出符合客观实际的观点。如果事实确凿，但分析不中肯，不能实事求是地得出结论，就会失去调查报告正确反映客观事物的意义。所以，这就要求在议论中紧紧围绕叙述的事实进行分析、研究、评论，揭示事物的本质和在实际工作中的作用及意义。

例如《切实做好服务这篇大文章——加强基层服务型党组织建设调查报告》中的这段文字：

"增"，就是充分利用基层党组织离群众更近、离一线

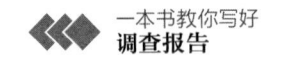

工作更近的优势,在改革不断深化以及信息化技术不断发展的背景下有所作为。当前,各方面的改革措施为基层党组织发挥服务功能提供了更大的空间和舞台,基层党组织和干部可以依托自己丰富的一线工作经验展开工作。比如,党的十八届三中全会就提出,直接面向基层、量大面广、由地方管理更方便有效的经济社会事项,一律下放地方和基层管理,这就为基层服务型党组织开展工作提供了更大的舞台。特别要强调的是,在即将迎来大数据时代的今天,可以充分借助于新技术来了解群众需要。当前,社会生活的方方面面都会留下大量数据,但比较缺少的却是利用这些数据的想法和动力。我们的基层党组织可以利用接近群众和具备丰富经验的优势,以有意义的方式解读数据,给数据以活力。[1]

上述材料中,作者通过对基层党组织的优势、劣势、机遇和挑战的分析,梳理出了有助于加强基层服务型党组织建设的4个关键字——"增""转""解""防"。上面这段文字对"增"字进行了议论。议论的内容思路清晰、逻辑严谨、贴合实际,讲清了关键字"增"在这里特指的内涵与外延。

二、议论中观点要鲜明突出

调查报告中的议论直接反映作者对事物的认识和态度,所以,

---

[1] 《切实做好服务这篇大文章——加强基层服务型党组织建设调查报告》,《人民日报》2013年12月3日。

在议论中必须立场鲜明，观点突出，毫不含糊地表露作者赞成什么、反对什么，肯定什么、否定什么，支持什么、批判什么，绝不能似是而非，模棱两可，含混不清，让人们发生误解。这要求我们须围绕党的理论和路线方针政策、党中央重大决策部署的贯彻执行等，从全局着眼，综观形势，分析和研究事物，通过深化研究，从大量的客观事实中概括和提炼出鲜明的观点。

在《寻乌县扶贫脱贫工作调查报告》中，作者提出对扶贫脱贫工作的有关思考，其中第一条是：

> 立足精准要求，提升扶贫成效。"精准"是精准扶贫的核心要义。习近平总书记关于扶贫工作"六个精准"的要求，强调精准扶贫要扶到点上、根上。寻乌在扶贫脱贫工作中要牢牢把握这一核心精神，进一步完善产业扶贫、就业扶贫、移民扶贫、教育扶贫、兜底扶贫、生态扶贫等重点领域政策措施，由贫困户自主选择适合自身发展需求的项目，报由相关职能部门帮扶实施，构建政府"配菜"、贫困户"点菜"、相关职能部门"上菜"的"菜单式"脱贫模式，努力提升扶贫成效。

这段文字观点鲜明："立足精准要求，提升扶贫成效"。论述时条理清楚，先讲"精准"是精准扶贫的核心要义，再讲寻乌应把握这一核心精神，通过各种政策措施实现扶贫成效的提升。

三、议论要精湛,语言准确简练

在调查报告的写作过程中,要运用"画龙点睛"式的议论深化叙述的力度,叙述力求精湛深刻,用准确简练的语言揭示事物的实质与意义。

例如,在《长冈乡调查》之"文化运动"中的"小学"的结尾是:"教员多是'文墨不深'的。""文墨不深"四个字准确简练地反映了毛泽东对要求提高小学教师文化素质的感慨。

调查报告的议论,除了以上三个基本特点外,还具有严密的逻辑性这一特点。关于这一点,在观点与材料相统一的一章里已经有详细的讲述,这里不再赘述。

第十章　调查报告叙述和议论的统一

第三节　说明及其他

调查报告除叙述、议论之外，还经常运用说明的手法。所谓说明，就是用言简意赅的文字，把事物的性质、特征、关系，或发生、发展的过程、特点解说清楚。

调查报告中说明的写作手法一般有以下三种。

一、介绍性说明

介绍性说明多用来介绍人物、事物的概况。

例如，《寻乌县扶贫脱贫工作调查报告》中作者开头介绍了寻乌地理位置、行政管辖、人口、经济发展等基本情况：

寻乌地处江西省东南端，是坐落在赣、闽、粤三省边际的山区县，全县总面积2351平方公里，辖15个乡（镇），184个村（居），33万人口。改革开放以来，寻乌经济社会得到长足发展，但受自然和历史条件影响，欠发达、后发展的现状没有得到根本性改变，属于国家扶贫开发重点县。贫困落后仍然是寻乌的基本特征，基础设施欠账多，产业

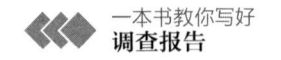

结构单一，县级财力薄弱，农村贫困面依然较广、贫困程度较深。目前，全县还有贫困村65个、贫困人口28819人，贫困发生率为10.5%，脱贫攻坚是寻乌当前和今后一个时期最重要的政治任务。

二、解释性说明

在调查报告中，要对一些概念进行解释或说明，以便使读者对事物既有概况的认识，又有具体细节的了解。例如，调查报告《怀仁县农村调查》中关于改造更新传统产业的解释说明：

> 三是改造更新传统产业。这里主要指的是农村传统的油、豆、粉、酱、醋等作坊生产和传统的铁、木制造业等。这些传统产业，现在没有不行，而要搞则又工艺陈旧、质量低下、不好销售。因此，对上述传统产业，应采取逐步改造更新的方针，改造更新的主要办法，应该是城市工业的技术和设备逐步往农村"脱壳"，使其由粗加工向精加工过渡。

读者通过上面这段说明文字可以对"改造更新传统产业"有更具体的了解。

三、调查报告中还有一种加在括号内的补充性说明文字

如下面这则材料：

第十章　调查报告叙述和议论的统一

　　此次调查的问卷数据也反映出这一问题。73.1%受访者认同"当前官员干事动力不足",其中42.9%的受访者"非常认同"。不仅如此,数据显示,多数受访者认为,干事动力不足,在基层干部(包括"乡镇普通干部""乡镇领导干部"和"县级普通干部""县级领导干部")身上表现得尤为突出。①

　　括号里的说明文字指出了"基层干部"包括哪些人,便于读者了解概念的外延。
　　在调查报告中适当运用说明手法,可以把要交代的东西说得清楚些,增强文章的表达能力。

　　总之,调查报告以叙述事实为主,同时又要对调查的事实加以分析、研究、议论,从中引出明确的结论和观点。因此,写作时要掌握叙和议的关系及各自的特征,以叙事为主,在叙事的基础上进行分析、研究、议论,应当叙多于议,有叙有议,叙议结合,只有这样才能写成材料丰富、观点鲜明的调查报告。如果议多于叙,评多于述,那就成了议论文章了。
　　在调查报告的写作中,既要防止只叙不议,也要避免叙议脱节、空发议论。要掌握以叙为主、叙议结合的方法,适当运用说明等表现手法,写出调查报告的特色。

----
　　① 张潇爽:《调查报告分析——当前官员怕什么?顾虑什么?郁闷什么?》,《人民论坛》2014年第21期。

· 181 ·

第十一章

调查报告结构与内容的统一

第十一章　调查报告结构与内容的统一

第一节　结构

调查报告的结构是为调查报告的内容服务的，结构与内容的统一是写好调查报告的关键。在构建调查报告框架结构时，要考虑以下几个方面。

第一，从调查报告中心内容所反映的问题出发，先提出问题的危害性，再提出解决问题的措施，最后给出调查研究的结果。例如，调查报告《关于在韶山公社解决食堂问题的报告》[①]先提食堂化带来的六个方面的突出问题，从四个方面算了成立食堂前后社员的经济账，接着提出解散食堂的十条措施，最后反映解散食堂后干部群众的变化，并给出解散食堂应该"毫不犹豫，当机立断"的结论。

第二，从调查报告中心内容所倡导的新办法出发，先摆出新事物的优点，再提出推行新办法存在的问题、需要采取的措施，以及今后的发展趋势。如《母猪也应该下放给农民私养》[②]，陈云在报告中先提出中心观点"私养母猪养得好，产猪苗多"，从六个方面叙述

[①] 中共中央文献研究室编：《毛泽东周恩来刘少奇朱德邓小平陈云论调查研究》，中央文献出版社，2006年版。
[②] 同上。

了私养母猪的习性；又提出中心观点"无论母猪或者肉猪，私养比公养还有几个好处"，从五个方面具体算账说明私养的优点；再提出"母猪不下放就不能恢复和发展养猪业"，具体从两个方面阐述了理由；最后"母猪私养要从实际出发"，提出了实现私养的具体措施。

第三，从调查报告中心思想的逻辑关系构建框架。给每一段材料提炼一个中心思想，以材料说明中心思想；再按一定的逻辑架构各段内容，以说明整篇文章的中心思想。

文章的内容和形式高度统一，结构的逻辑关系强，读来也更让人信服。

第四，从调查报告反映中心问题的不同层面，对具体方面的问题性质、趋势进行描述，并在分析研究的基础上，提出建设性意见。

例如，在《寻乌县扶贫脱贫工作调查报告》中，作者先讲述了寻乌脱贫进展及主要做法，后指出寻乌存在的四个主要问题，最后对于如何解决这些问题提出了六条建议。文章内容的构建思路清晰，有效展现了调研的成果，对于寻乌之后的发展也有一定的指导意义。

第五，从调查报告的中心内容出发，概括调查对象开展工作的基本思路、基本意义、基本做法，同时叙述存在的基本问题、不同认识，最后得出几点启示、几点建议。

如《藏区发展旅游业对群众思想观念的影响——来自"走转改"一线的报告》[①]，这篇调查报告先从生活方式、交往方式、学习文化、环保健康意识、和谐稳定五个方面，描述了旅游业给农牧民带来的

---

① 求是杂志社调研组：《藏区发展旅游业对群众思想观念的影响——来自"走转改"一线的报告》，《求是》2012年第3期。

变化，后从"发展旅游业对藏区群众观念的影响是革命性的并且有着重大深远的战略意义"这两个方面谈了感受和认识。

调查报告框架的构建形式是多样的，具体采用哪种形式，关键是要结合调查报告的中心议题、调查报告的类型、调查对象的性质去把握，做到结构与内容的统一。

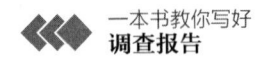

第二节 标题

调查报告的标题具有表明调查内容或中心思想的作用。一个好的标题能在调查报告中起到画龙点睛的作用。读者通过标题可以了解调查报告的内容和中心思想。

如何确定调查报告的标题？基本上有两个依据：一是依据调查的内容；二是依据调查报告的中心思想。

一、依据调查报告的内容确定标题

依据调查报告的内容确定标题，就是要通过标题把调查单位、调查内容明确且具体地表达出来。如毛泽东《湖南农民运动考察报告》这个标题，就点明了调查的地点在湖南，调查的内容是农民运动，清晰明了。

二、依据调查报告的中心思想来确定标题

依据调查报告的中心思想来确定标题，就是要概括调查报告的中心观点、基本倾向、主题思想，从而确定标题。如《让进城务工人员随迁子女接受良好教育——因城施策推进城镇教育扩容》[1]、《调

---

[1] 秦玉友：《让进城务工人员随迁子女接受良好教育——因城施策推进城镇教育扩容》，《人民日报》2017年9月4日。

草保畜助高原牧民脱贫》，这两篇调查报告的标题就是调查研究中心观点的精简概括。

调查报告的标题一般是由正标题和副标题组成。正标题点明调查报告的中心思想或内容，副标题讲清调查的地点、领域或内容。如《上下齐攻坚　啃下硬骨头——来自脱贫攻坚一线的调查报告》《深化政治巡视　做好"政治体检"——来自巡视巡察一线的调查报告》《切实做好服务这篇大文章——加强基层服务型党组织建设调查报告》《农民工党建：凝聚起散落的力量——来自江苏南通的调查报告》。

调查报告的副标题，除了表明调查的内容和地点外，后边一般还要写明调查报告的文称，其形式为：……的调查，……的考察，……的调查报告，……的考察报告，……的调查附记，……的调查汇报，……的调查手记。

三、调查报告的文称决定着一篇文章是不是调查报告

调查报告的文称大多是在副标题中展现出来的，也有少数是在正标题中展现出来的。不论是在正标题中还是在副标题中，一般都要写出文称，因为这能让读者通过阅读标题判断这篇文章是不是调查报告。

调查报告的标题要求具体、明确、醒目、直接，能让读者通过标题了解调查报告的内容是什么，或者作者的基本态度是什么，中心思想是什么，等等。

第三节　导语

导语就是文章的开头部分。调查报告的导语同其他文体的导语一样，具有承上启下的作用。

所谓承上，是指导语要点题。导语是文章的开头，与标题内容直接相关，往往起点题的作用。

所谓启下，是指导语要联系文章中心部分开启下文。在读者眼里，导语是通向文章中心部分的入口，因此它又与中间部分的内容和全文的中心思想密切相关。

下面文章中的导语是可以借鉴的。

例如《发现问题，扭住巡视工作生命线——来自巡视巡察一线的调查报告》[1]。

党的十八大以来，巡视作为全面从严治党的"利剑"，在"发现问题、形成震慑，推动改革、促进发展"方面发

---

[1] 赵兵：《发现问题，扭住巡视工作生命线——来自巡视巡察一线的调查报告》，《人民日报》2018年10月23日。

挥了重要作用。党的十九大报告进一步提出，坚持发现问题、形成震慑不动摇。发现问题，是巡视工作的生命线。实践中，省区市巡视工作坚持问题导向，着力充分发挥巡视"显微镜""探照灯"作用，让巡视利剑展露锋芒，威震四方。

上述材料中的导语起到了承上点题、开启下文的作用。

调查报告是反映调查研究结果的书面报告，所以，它的导语除上述两个作用外，还常常具有交代调查时间、地点、单位、人物及调查方法等作用。

如《对脱贫攻坚的感悟与思考》。

  按照工作统一部署，去年底，对脱贫攻坚工作进行了一个多月的全面调研。通过座谈、实地走访、调阅资料等形式，访谈了4位省委书记、省长等22位省市领导干部，直接了解了11个中央单位、9个省区、20个市州、45个县、41个乡镇和23个村的情况，这次经历带给我前所未有的震撼。让我深深地感受到脱贫攻坚是一项民心德政工程，它生动诠释了共产党人的初心，凝聚起新时代党和国家事业发展的磅礴力量，给我们今后做成大事、攻克难关以深刻启示。

材料中的导语交代了调查的时间、调查方法、调查对象等。又如《老少边穷地区干部的困惑与诉求》①

"艰苦"是老少边穷地区面临的常态，"舒适"是老少边穷地区干部的"奢侈品"。老少边穷地区干部的生存状态到底如何？他们在具体的生活和工作中面临着哪些困难？国家该如何解决这些困难？如何激励他们勇于作为？这些都应得到高度关注。

人民论坛为深入了解老少边穷地区干部的生存状态，于 2016 年 3 月 7 日—3 月 30 日通过"互联网发布+微信公众平台"推送电子问卷、纸质问卷调查、点对点电话采访等方式，共收回随机有效问卷 6312 份。同时，对近 50 位老少边穷地区干部进行了深入采访，广泛征集社会各界意见建议。

材料中导语交代了调查的问题、地点、调查对象、调查方式等。

在调查报告导语的写作上，毛泽东为我们树立了典范。这里来学习下《寻乌调查》的导语。由于这篇文章的导语较长，这里按其本来的段落来分析。

---

① 王慧、张夏梦：《老少边穷地区干部的困惑与诉求》，《人民论坛》2016 年 4 月 1 日。

第十一章 调查报告结构与内容的统一

（一）交代调查的背景及目的

毛泽东在导语中写道："寻乌调查是一九三〇年五月四军到寻乌时做的，正是陂头会议（二月七日四军前委与赣西特委的联席会议）之后，汀州会议（六月四军前委与闽西特委的联席会议）之前，关于中国的富农问题我还没有全般了解的时候，同时我对于商业状况是完全的门外汉，因此下大力来做这个调查。"①

通过交代调查的背景和目的，使我们更深刻地了解这篇调查报告在当时的作用和地位。

（二）交代被调查人员的详细情况

在导语中，毛泽东把11个被调查对象的年龄、成分、职业，以至个人经历都做了细致介绍。例如，对其中4个重点人物的介绍："在材料上与我以大量供给的，是郭友梅（五十九岁，杂货店主，曾任县商会长，本城人）、范大明（五十一岁，贫农，县苏职员，城区人）、赵镜清（三十岁，中农，做过铸铁工，做过小商，陈炯明部下当过兵做到排长，现任县苏委员，双桥区人）、刘亮凡（二十七岁，县署钱粮兼征柜办事员，现任城郊乡苏维埃主席，城区人）四人，他们都是经常到调查会的。"

通过交代被调查人员的详细情况，使读者感觉到，这些人是能深切明了寻乌社会经济情况的人，增强了调查报告的真实性和说服力。

---

① 《毛泽东文集》第1卷，人民出版社，1993年版，第118页。

（三）交代调查的方法及采用这种方法的原因

毛泽东在导语中写道："我们的调查会，就是我和以上十一个人开的，我做主席和记录。我们的会开了十多天，因为红军部队分在安远、寻乌、平远做发动群众的工作，故有时间给我们开调查会。"

毛泽东这里提到了调查会这种座谈访谈的调查方法。调查方法还有随机走访、问卷调查、专家调查、抽样调查、统计分析等方式，还要充分运用互联网、大数据等现代信息技术，提高调查研究的科学性和时效性。

（四）交代调查地点的地理位置

毛泽东在导语中写道："寻乌这个县，介在闽粤赣三省的交界，明了了这个县的情况，三省交界各县的情况大概相差不远。"

这段文字说明了调查的典型性，使调查研究的结果更有说服力。

（五）交代调查的不足

毛泽东在导语中写道："这个调查有个大缺点，就是没有分析中农、雇农与流氓。还有在'旧有土地分配'上面，没有把富农、中农、贫农的土地分开来讲。"

《寻乌调查》的导语不仅起到了承上点题和启下联系文章中心的作用，而且还详细地叙述了调查的背景、目的、对象、方法、不足等具体情况，充分体现了调查报告须客观地反映事物情况的特征，是我们写导语的典范。

要写好调查报告的导语，一般有三个基本要求：一是导语要与标题相联系，要点题；二是导语要与文章中心部分相联系，要开启下文；三是要结合调查研究的对象和调查研究的方法写导语。

调查报告的导语在符合基本要求的情况下，根据不同的内容，一般有以下几种写作方法。

第一，叙述调查对象的基本情况，提出调查研究的目的。

> 寻乌地处江西省东南端，是坐落在赣、闽、粤三省边际的山区县，全县总面积2351平方公里，辖15个乡（镇），184个村（居），33万人口。改革开放以来，寻乌经济社会得到长足发展，但受自然和历史条件影响，欠发达、后发展的现状没有得到根本性改变，属于国家扶贫开发重点县。贫困落后仍然是寻乌的基本特征，基础设施欠账多，产业结构单一，县级财力薄弱，农村贫困面依然较广、贫困程度较深。目前，全县还有贫困村65个、贫困人口28819人，贫困发生率为10.5%，脱贫攻坚是寻乌当前和今后一个时期最重要的政治任务。为深入贯彻落实习近平总书记关于精准扶贫系列重要指示精神，坚决打赢脱贫攻坚战，寻乌县发扬"深入唯实"的寻乌调查精神，开展了精准扶贫"寻乌再调查"活动，并形成本调查报告。（《寻乌县扶贫脱贫工作调查报告》）

上述调查报告的导语介绍了寻乌的基本情况，并交代了开展这次调查研究的原因和目的。

第二，根据调查的内容，提出调查的结论。调查结论往往是文章的中心思想、中心观点，也是作者对调查对象的看法。

第三,叙述调查对象的基本情况,提出调查的结论。这种方法是把上面所介绍的两种方法结合起来使用的。例如,先叙述调查对象的基本情况,基本情况中要有对基本问题的陈述,然后给出调查的结论,这会给读者观点鲜明的感觉。

第四,交代调查研究的背景。这种方法是要在导语中重点交代为什么要进行调查研究,调查研究要解决什么问题,目的是要引起人们的重视,吸引更多的人来关注调查结果。

例如,《2015年度珠三角制造业调查报告——珠三角之短痛,中国、东盟之长赢》[1]的导语中介绍了开展调查研究的对象、背景、意义。

珠江三角洲地区包括广东省的9座城市:广州、深圳、珠海、佛山、惠州、东莞、中山、江门和肇庆。

作为中国改革开放、打开国门以来最先开放的地区,珠三角地区制造业蓬勃发展,成为近几十年来中国经济高速发展的样板。这一地区地理面积仅为国土面积的0.6%,人口仅为全国人口的4.2%,却占中国出口总额的27%,吸收了全国外商投资总额近20%,外商投资主要来自邻近的香港地区。

珠三角在很多方面仿佛中国的缩影,无论是突显拉动中国经济的引擎,抑或反映转向更可持续发展所出现的挑

---

[1] 参见《中国经济周刊》2015年第22期。

战。其中最核心的难题是劳动力短缺和工资持续上涨，正在一定程度上影响着珠三角和这个国家的竞争力。正是在这一背景下，2015年2月底到3月底，我们实施了第六次年度珠三角制造业调查，近300家在珠三角经营的港资和台资制造企业参与调查，对中国经济的最新动态带来独特、深入的观察。

调查报告的导语虽然形式与写法各不相同，但根本的一点就是围绕各自的中心，起着点题和开启下文的作用，简单、明确、直接地引向中心部分，为展现中心思想开路，成为全文重要的组成部分。所以，写好调查报告的导语，要注意发挥导语开门见山、承上启下的作用，要紧扣主题，切不可把导语和全文割裂开来，孤立地去写，使其与全文相脱离，分割文章的整体性。

第四节　正文

这里所讲的正文是调查报告中不包括导语和结尾的中间部分。正文是调查报告的主体部分，采用什么样的形式来构建和表达内容，做到形式和内容的统一是构建调查报告结构所要研究和解决的重要问题。

根据调查报告的特征，正文中表现内容的形式一般有三个基本原则。

一是形式要恰当反映调查研究对象的内在规律。任何事物的发展都有其内在规律。这种内在规律是客观存在的。调查报告要正确反映客观事物，须通过构建有效的结构形式恰当地反映调查对象的发展过程和发展规律。

二是形式要有利于表达调查报告的中心思想。任何一篇调查报告都是为表达一定的中心思想服务的，因此，其形式也必须为表现主题和突出主题服务。作者要紧紧围绕表现、突出中心思想来构建正文的结构形式。

三是形式要适应不同类型调查报告的特征。不同类型的调查报告在反映调查对象的角度、表现方式上不尽相同，所以，对内容的组织形式也有着不同的要求。

调查报告的正文内容有以下三种基本形式：

第一，按照事物产生、发展、变化的过程来组织内容，可以划分成若干个互相衔接的部分，层层分析、说明问题，也就是我们常说的纵式方法。运用纵式方法组织内容，能使调查报告脉络清楚，有助于读者了解事情的来龙去脉。这种写法往往适用于所写的内容是一件事，而这件事的本身发展过程又比较曲折。

例如《调草保畜助高原牧民脱贫》。这篇调查报告中先讲了"缺草，让牧民增收变得十分困难"，然后讲"调草扶贫，激活了藏区牧业"，最后讲到"项目扩大，追求牧业和生态双效益"，按事物发展的顺序讲清了为什么要调草，调草的成效，以及"调草成了西藏畜牧业转型发展的一个亮点。扶贫调草保畜项目不断扩大"。文章脉络清晰。

采用这种写法要注意两点：

一是要按照事物发展的过程将正文分成几个段落，然后逐段说明情况，分析研究，找出每个阶段的经验教训，做到层次清楚，使读者了解事物发展的全过程。

二是在重点部分要通过典型事例介绍新生事物的意义和作用，以及它的基本做法，做到重点突出，不要写成流水账。

第二，根据内容的特点和矛盾的不同性质，也就是按照事物内在的逻辑关系进行分类归纳，把主体分成几个部分，然后把材料横向并列起来，逐个叙述，最后从总的方面总结说明一个中心思想。

这种写法叫横式方法。一般是在事物发展过程比较复杂，牵涉许多方面，而且前后经历的时间比较长，按事物发展的顺序去写较难解释清楚时，采用横式方法。

采用这种写法也要注意两点：

一是各部分之间的关系既有相对的独立性，又有密切的内在联系，而且各部分之间都要围绕一个中心，即为全文的中心思想服务。

二是在安排各部分材料的先后顺序时，要注意合乎事物发展的逻辑。

第三，纵式和横式相结合的方法。有一些调查报告，由于内容比较复杂，单一结构方式难以完成表达任务，所以，在撰写时，往往要根据完整表达内容的需要，把纵式方法和横式方法结合起来。

例如《湖南农民运动考察报告》。在这篇文章里，既有纵式，又有横式，有时是"纵横交错"。

在讲述"十四件大事"中的每件事时采用纵式方法。

如"第三件 经济上打击地主"：

"不准退佃。去年七八月间，地主还有好多退佃另佃的事。十月以后，无人敢退佃了。现在退佃另佃已完全不消说起，只有退佃自耕略有点问题。有些地方，地主退佃自耕，农民也不准。有些地方，地主如自耕，可以允许退佃，但同时发生了佃农失业问题。此问题尚无一致的解决办法。"

又如"第八件普及政治宣传":

　　湘潭一带的小孩子看牛时打起架来,一个做唐生智,一个做叶开鑫,一会儿一个打败了,一个跟着追,那追的就是唐生智,被追的就是叶开鑫。"打倒列强……"这个歌,街上的小孩子固然几乎人人晓得唱了,就是乡下的小孩子也有很多晓得唱了的。

　　整个文章从八个方面组织展现内容:农民问题的重要性;组织起来;打倒土豪劣绅,一切权力归农会;"糟得很"和"好得很";所谓"过分"问题;所谓"痞子运动";革命先锋;十四件大事。文章层次清晰、结构紧凑、逻辑严谨。用横式方法来组织展现内容可以较好地表现文章的中心思想。
　　文章整体上采用横式方法组织展现内容,部分内容的展现采用纵式方法,两种方法的合理使用可以使文章各部分内容、各个层次内容更好地得到关照与印证。
　　采用纵式和横式相结合的方法组织展现内容,可以较清楚表达调查研究对象的发展过程和过程中的具体做法或是具体情况,全景式再现客观事物;在内容的组织形式上,又使文章眉目清楚,重点突出,详略得当。
　　上面,我们介绍调查报告正文组织内容的三种形式,其中纵式和横式是两种最基本的形式。按事物发展渐变的顺序或调查顺序的纵式方法来组织展现内容,多用于介绍新生事物或揭露社会问题的调查报告。

介绍新生事物的调查报告，主体部分要完整地、全面地叙述事物产生、发展的过程，指出它发展的规律，说明它的基本做法和意义作用，以生动的事实证明它有很大的优越性和很强的生命力，值得推广。揭露社会问题的调查报告也多采用纵向结构方式。

横式方法多用于总结典型经验和反映基本情况。总结典型经验的调查报告，主体部分要说明经验是什么，这些经验的价值是什么。所以它较多的是把经验分成几个方面，冠以小标题，然后从不同的方面围绕中心，一点一点加以说明，突出主题。反映基本情况的调查报告或调查汇报，目的在于帮助各级领导及时掌握新情况、新问题，以便根据日新月异的发展变化制定或调整政策、指导或部署工作，其内容主要是要求全面地报告调查研究的基本情况。

采用横式方法时，为便于阅读，需要概括出每个部分的要点，以小标题统率材料；最后总结时，对事物的性质、意义再加以简要地概括说明。

无论采用什么样的方法来组织展现内容，都要做到层次清楚，条理分明，先后有序，详略得当，联系紧密，层层深入，使观点和材料相统一、形式和内容相统一。

第五节　结尾

结尾是调查报告的重要组成部分。调查报告的结尾往往是其结论部分，它要求明确地指出事物的实质或是规律性的内在，以深化主题，加深读者的理解。

调查报告的结尾一般有两个基本要求：一是结尾必须呼应开头和中心；二是结尾能概括全篇，点明中心思想，深化主题。

调查报告的结尾根据内容和类型的不同，常常采用以下几种写作方法。

一、总结概括全文，进一步明确中心思想

毛泽东在《中国佃农生活举例》的结尾写道："这种小部分靠正业大部分靠副业，计算起来每一年亏折一长项之佃农生活，在中国现实重租制度之下，是极其普遍的。许多佃农每年尽其勤力所获之副业以与生活相挣扎，还觉得可以勉强遮敷不甚感亏折之苦者，则以工资一项全不计算之故。"这个结尾起到了总结全文、深化主题、加深读者认识的作用，同时还做到了首尾呼应，使文章的结构更加完整严密。

二、表明作者态度，指出事物的发展方向和存在的不足

例如，调研报告《对脱贫攻坚的感悟与思考》中，作者在最后提出了"要如期实现脱贫攻坚目标，还需有针对性地解决实际工作中存在的一些问题"。态度明确、观点清楚，对如期实现脱贫攻坚目标有一定的指导意义。

完善各项措施，因地制宜解决当前问题

要如期实现脱贫攻坚目标，还需有针对性地解决实际工作中存在的一些问题。

一方面，要选派干部到脱贫攻坚一线"墩苗"摔打磨炼，切实解决县乡村干部来源问题。注意从企业、科研院校和村干部中选拔干部，为今后十年、二十年储备优秀干部人才。同时，根据形势任务变化和各地实际，对贫困地区党政正职调整问题进行研究。

另一方面，抓住当前农民得实惠有利时机，加强对农民的引导。应广泛开展公德、法制、移风易俗、国家观念等教育，并形成长效机制，教育农民念党恩听党话跟党走。

第三，处理好贫困户与非贫困户关系，最大限度彰显脱贫攻坚正面效应。加强对未纳入建档立卡边缘户的关注与帮扶，采取针对性措施做好思想引导工作。审慎做好易地扶贫、健康、教育扶贫等特惠政策的落实，防止出现消极因素。

第四，继续加大对四川凉山等深度贫困地区的帮扶。

落实东部地区帮扶深度贫困地区的举措，大规模从中央国家机关、企事业单位和东部发达地区选派干部和专业人才，充分运用远程教育、远程医疗等现代手段培训当地人才。对未纳入"三区三州"的云南昭通、贵州毕节、广西河池等贫困程度深的地区，给予"三区三州"同等政策待遇。

第五，做好脱贫攻坚与乡村振兴战略的有机衔接。对2020年后减贫战略进行系统研究，谋划科学可行的政策体系和工作架构。系统梳理脱贫攻坚政策措施，把现有举措逐步调整为2020年后缓解相对贫困、统筹解决城乡贫困的日常性帮扶措施，实现脱贫攻坚与乡村振兴的有效对接和平稳过渡。

三、揭示调查问题的实质，督促有关部门积极解决问题

例如《农民农业信息化意识现状调查研究——以重庆市部分开发新区为例》①的结尾：

综上所述，重庆市部分开发新区的农民农业信息化意识十分薄弱，获取农业信息方式落后，并未跟上时代潮流，在"互联网+"的时代，农民的思想观念急需改变，此需要政府及各相关部门及农民的共同努力，政府、农业部门以及个别大型农业企业需加大农业信息化设备建设的投入，

---

① 余天霞：《农民农业信息化意识现状调查研究——以重庆市部分开发新区为例》，《人民论坛》2016年3月11日。

提高已有信息化设备的利用率，提高农业信息化意识，利用农业智慧化设备提高农业产量，加快现代农业的发展，让农民共享现代化成果，为农民提供基础条件；此外还需加强农业信息化的宣传、培训、教育力度，提高农民信息化意识，推动农村信息化服务快速发展，实现重庆市各方面信息真正进村入户。

作者先提出调查结论，"重庆市部分开发新区的农民农业信息化意识十分薄弱，获取农业信息方式落后，并未跟上时代潮流，在'互联网+'的时代，农民的思想观念急需改变"。如果没有政府及各相关部门的介入与努力，农民农业信息化问题就很难得到解决。于是作者指出，"此需要政府及各相关部门及农民的共同努力，政府、农业部门以及个别大型农业企业需加大农业信息化设备建设的投入，……"。

四、根据调查的情况和问题，提出有规律性的东西和解决问题的建议和措施

采用这种方法写出来的内容较多，往往会形成一个个相对独立的部分，每个部分冠以小标题，在小标题之下再展开阐述。

例如，在《党风、民风如何相互作用、相互影响——关于社会风气变革内在逻辑的调查报告》的结尾，作者提出以优良党风促进社会道德风尚建设的十条意见建议，每一条建议先是设立一个小标题，然后再在标题之下展开内容。

在调查研究基础上，我们总结归纳了以优良党风促进社会道德风尚建设的十条主要意见建议：

第一，民心是胜败的大前提，小节牵动着大问题。民心是最大的政治。八项规定之所以成功，首先是因为它深得民心。它对民风培育的启示是：对民风培育要有信心，因为人心向善是社会主流。提升全社会的道德水平，建设人与人关系更加和谐的社会，符合广大人民群众的愿望。公款吃喝看似小事，实际上却关乎党心民心，关乎执政党的生死存亡。要以小见大，让人们接受"一屋不扫何以扫天下"的道理。要从细微处入手，要弘扬"勿以恶小而为之，勿以善小而不为"这一中华传统美德。

第二，中央领导同志身体力行使八项规定更具感召力。要充分发挥党员干部在作风方面的带动作用，以官德带民德。官风与民风密切相连，因为在老百姓心目中，官员就应该是道德楷模或道德标杆。标杆的滑落往往会导致民风的下落，没有清正的官德也很难有高尚的民德。它对民风培育的启示是：正官德是促民德的基础和必要条件，八项规定严格持续执行本身就是对民风培育的推动。要力戒双重标准，以官风促民风，以官德带民德。

第三，找准突破口是取胜的关键。八项规定以公款非法消费为突破口，取得重大成效。它对民风培育的启示是：民风培育，不破不立。我们首先要梳理出破什么。从当前状况看，一是要破造假，因为今天假货已经无处不在；二是破伪善，因为伪善本质上是人格造假；三是破私心、破漠然之心，培育社会公德，增强凝聚力；四是破拉关系，反不正之风。这四方面更有诸多表现形式，将哪一种形式作为突破口，需要反复研究，慎之又慎。

第四，不战则已，战则必胜，持之以恒是胜利的时间保障。同以往一些规定不同，八项规定确实取得了重大成效。它对民风培育的启示是：要考虑到老百姓的心态和接受程度。要制定分层措施，要根据不同年龄、不同社会群体的不同特点，制定不同的对策。而一旦付诸实施，就要有打赢战役的坚定决心。"反腐永远在路上"的提法就体现了这方面的决心。决不能虎头蛇尾，要同腐败和不正之风比耐心，要有打持久战的心理准备。

第五，民风的形成是一种文化，要充分发挥社会民众的智慧与优势，党风建设的经验不能简单直接地移植到民风培育中去。引导民风要尊重民间文化传统。良好民风形成的重要环节是人民群众积极性、创造性的发挥。在引领过程中，党的政策要符合民主、法治的要求，要在尊重、激励、促进上下功夫，不搞"一刀切"和"划线"，要鼓励展示不同境界的民风，鼓励良好民风文化的形成。民风要重培育。群众不是政党，不是政治组织，其松散的社会联系方式决定了其风气的发展是渐进、缓慢的过程，培育民风将是密切党群关系的一个新思路。

第六，要在党和政府的引导下，制定规范、严厉的乡规民约，普遍建立社会诚信档案制度。八项规定作为全党上下共同遵守的规则，能做什么，不能做什么，一目了然；与之相配套的还有多个细则，违背了怎么处理，要承担什么责任、付出什么代价。所以效果就出来了。现在，可以在社会主义核心价值观的基础上，制定细则规范。细则挺在前面，将有力推进民风培育。应由党组织发动、带动社会团体、民间组织、村庄、街道、社区居民，商议制定出适合各自特点的诸如乡规民约类的规则，实现每个社会最小细胞的成员都能够做到自我约定、自我遵守、自我管理、自我监督。对于群众中不好的行为，要给予记录、曝光，并施以必要的批评、约束或适当的惩戒。例如，对不文明游客要曝光，可考虑罚其在旅游景点当清洁工若干时间，要付双倍的门票价格等；对于在飞机上无理取闹的旅客，要在一定时间内限制其乘坐飞机等。

第七，要把民风培育作为党和政府的一项重要工作来抓，增强责任意识。落实八项规定是十八大以来从中央到地方各级组织全面从严治党的一项重要工作，重视程度之高前所未有，所以效果明显。这对于民风培育是一个极好的借鉴，各级党组织要把社会建设中的民风培育作为己任，纳入国家治理体系和治理能力现代化的重要内容，从顶层设计上做出长远部署，培育出与社会主义现代化建设相吻合的民风，这样才会具有更好的社会发展环境。

第八，要大力借助榜样的力量发出好声音，扩大高风善举正能量的影响力。近些年来，"感动中国"人物、道德模范、优秀共产党员等评选的关注度和参与率不断提升，这不仅说明了社会上的好人好事越来越多，而且彰显了我们每一个人对真善美的认可与期待。榜样的力量是伟大的，更是催人奋进的。因此，做好党风促民风也要打好宣传牌，不断挖掘干部队伍以及各行各业的优秀者，以他们的先进事迹、善意之举、感人之处来形成民风培育的推动力和影响力。

第九，关注基层有益创新并进行推广。四川自贡一社区成立的"道德银行"，把居民在社区的优秀道德行为兑换成一定的积分，量化成"道德币"存入个人账户，居民可以凭账户内的资产争先评优、兑换奖品和换取服务。所谓"勉慕于仁义"，这种物质化的奖励也许还不是最理想的激励方式，但也未必不是一种可以尝试的方式。我们需要通过不断探索、不断改进，让激励的方式更加契合人们内心的道德考量，以此正党风、淳民风。

第十，为民服好务，提升党风促民风的亲和力。在党风促民风的必答题中，必须紧扣人民群众反映强烈的突出问题这个"关键阀"，既要正风肃纪、惩治腐败、净化政风，又要为人民群众办好事、解难事搭建平台，真正做到全心全意为人民服务，让党风促民风更有亲和力。"人民对美好生活的向往，就是我们的奋斗目标。"如果我们的党员干部都能让老百姓有更好的教育、更稳定的工作、更满意的收入、更可靠的社会保障、更高水平的医疗卫生服务、更舒适的居住条件、更优美的环境，人民群众的获得感与喜得感不正是推动党风促民风的一条"终南捷径"吗？

总之，调查报告的结尾，要写得深刻、明确、有力，使其内容能起到归纳、总结和深化全文思想的作用。

这一章从标题、导语、正文、结尾四个方面介绍调查报告的结构和内容要相统一。

上面讲的是调查报告结构的一般形式。调查报告的结构形式不是固定不变的，如有些调查报告就没有导语，一开始就是冠以小标题的正文。

例如，《切实做好服务这篇大文章——加强基层服务型党组织建设调查报告》中没有导语，直接以小标题进入正文。

1. 踏实务实、注重解决现实问题，才能赢得群众真正认可

　　党的十八大报告提出，"以服务群众、做群众工作为主要任务，加强基层服务型党组织建设"。舒坦不舒坦，群众说了算；谁看谁的脸，基层来评判。当被问到"您对十八大以来，建设基层服务型党组织的效果如何评价？"……

又如《为"网商"健康发展护航——来自粤浙苏互联网企业的

党建调查报告》[①]：

"制度+科技"，互联网党建新机制

互联网企业拥有强大的信息技术能力，先进的技术环境对企业职工的工作、生活理念和方式有着深刻的影响，对互联网企业党建探索而言亦是如此。2013年，广东出台"加强非公有制互联网企业党的建设工作的意见"，这个互联网产业大省在全国互联网企业党建领域首吃"螃蟹"。

有些调查报告结论是在正文中提出的，结尾部分则省略不写。所以调查报告的标题、导语、正文、结尾应该如何写，采用什么样的结构形式组织展现内容，应根据不同的内容灵活运用，不能用一个固定的格式一刀切、机械照搬。

[①] 盛若蔚、赵兵：《为"网商"健康发展护航——来自粤浙苏互联网企业的党建调查报告》，《人民日报》2014年6月17日。

后　记

　　我在20世纪七八十年代一直从事新闻与文秘工作，之后也一直致力于应用写作的学习与研究。在早期对应用写作的研究过程中，我曾有幸得到东北师范大学李景隆教授的指导。李景隆教授建议我要"勤去图书馆，多看书，多实践，一点一点积累经验"。这使我受益良多。本书初稿完成后，我将书稿送到北京师范大学刘锡庆教授处。刘锡庆教授看完书稿后非常高兴，欣然提笔作序。这次，应人民日报出版社邀约，我对书稿进行了补充与修改——虽然在此之前我已几经修改，不断完善与提高。此书的出版，是我对逝世的李景隆教授和刘锡庆教授的怀念，也是想为在全党开展的调查研究工作尽点微薄之力。